行政は経営だ

Administration = Management

変革と創造のリーダーシップ

千葉県市原市長
小出譲治

ACHIEVEMENT

はじめに

「行政は経営だ」という本書タイトルをご覧になり、皆さんはどう思われたでしょうか。

「行政は会社ではないから、経営とは違うのではないか」と、首をかしげた方もいるかもしれません。

また、「縦割りで融通が利かないお役所仕事は、どうにかならないものか」とお感じになっている方も、多いのではないかと思います。

かつての私もそうでした。

生まれも育ちも千葉県市原市の私は、64年前に父が創業した運送会社（現コイデ陸運株式会社）に23歳で入社し、トラックドライバーから始めて修業を重ね、33歳のときに社長に就任し、経営を引き継ぎました。

経営者時代の私は、とにかく何事にも決定まで時間がかかる行政の時間の流れと、民間企業の時間の流れに大きな差があることを、肌身で感じていたものです。

「ずっと運送業の世界で生きていく」と、心に決めていた私に転機が訪れ、市原市議会議員に初当選したのが42歳のときでした。3期12年の議員生活を経て、2015年6月に市原市長に初当選し、現在2期目を務めさせていただいています。

企業経営者から市長へと、立場は大きく変化しましたが、今も変わらないのは、「私は経営者だ」という矜持です。

前例踏襲や、計画に定めたことだけをやり、計画にないことはやらない計画行政、縦割りが当たり前の「行政運営」ではなく、「行政経営」という言葉を、私は市長就任以来、一貫して使い、実践してきました。

これまでの延長線上の市政は通用しないという思いから、「変革と創造」を基本理念としたまちづくりを訴え、市原市長に初当選した私です。

従来の行政運営にとどまっていては、前例にとらわれない市政を行うことは不可能で、「変革と創造」も絵に描いた餅になるばかりです。それでは市民満足を実現することは、とても望めないでしょう。

市政とは、市民満足を実現するためにあるもので、だからこそ私は、市政を運営するのではなく、経営するのです。

市原市は、約27万人のお客様であり「株主」である市民と、約2000人の「社員」である市職員を抱える、「大企業」といってもいいかもしれません。

この大企業・市原市を経営する役目をいただいている市長として、市原市をよいまちにしていくための同志である市職員と共に、どのように「変革と創造」に取り組んできたか。そして、私自身の2期目の覚悟である「もっと前へ」を掲げて、市民の皆さんが望むその先を見据えた行政サービスを実践し、いかに市民満足の実現に挑戦してきたのか。

こうした経験を、より多くの方に還元し、社会の役に立てて下さいと、私が経営者として、1人の人間として尊敬してやまないアチーブメント株式会社代表取締役会長兼社長の青木仁志氏の勧めを受けて記したのが、本書です。

市原市は、千葉県の中央に位置し、東京湾アクアラインなどを利用し、東京都心から車で約60分、羽田空港や成田空港にも近く、海外からのアクセスにも恵まれています。東京湾に面した北部に位置する臨海工業地帯から、紅葉の名所である養老渓谷に至る南部の豊かな里山という異なる顔をもっており「日本の縮図」のまちです。

そんな市原市も、全国の多くの自治体と同様に、深刻な人口減少や高齢化の問題に直面しています。

団塊の世代が後期高齢者となる「2025年問題」は市原市で最も顕著に現れると見られています。

このままのペースでいくと、2022年9月1日現在27万939人の総人口も、2060年には17万2000人まで減少すると、推計しています。

とくに南部の加茂地区は住民の高齢化と人口減少が急速なペースで進行しており、子育て世代の市外への転出も大きな問題です。

生まれも育ちも仕事も市原市の私は、このまま市原市が衰退・停滞し、よどんでいく姿を見たくはありませんし、あきらめたくありません。

あきらめが悪いのが私の性分で、どんなことがあっても、あきらめられないのです。

とくに優れた能力をもつわけでもない、一市民である私には、そんな思いの丈や「熱量」を伝えることしかできません。

そんな中、市原市は今、未来に向かって動き始めています。

同志である市役所職員はもちろん、意識の高い市民の皆さんが「対話と連携」を通じて、共に「いちはらの未来を創ろう」と立ち上がって下さるようになりました。

中でも、市原市や自分が住んでいる地区を元気にしたいという志をもって動き始めた若者たちが、活躍しているのは特筆すべきことです。

どんな逆境にあろうとも、私たちは自分たちの住むまちを「あきらめの地域」にしてはならないし、日本を「あきらめの国」にしてはならないのです。

本書につづった私たちの取り組みや思いが、人口減少や高齢化といった課題に直面しながらも、未来に向けて進もうとしている全国の自治体や、まちづくり、地域おこしに携わる皆さんにとって一助になれば幸いです。

そしてまた、逆境に陥ってもあきらめず、未来を拓く可能性をいかに見いだすか。想定しうるリスクをカバーし、いかにチャンスを広げるかといった発想法は、行政関係者のみならず企業経営者やビジネスパーソンの皆さんにとっても、参考にしていただけるものがあるかもしれません。

すでに3年目を迎えたコロナ禍の中で、自社の業績が低迷しているだけではなく、業界全体が不況に陥ってしまったため、業態転換を進めなければならない。あるいは、こうした逆境に直面していながら、事業承継も待ったなしになっているといった厳しい状況に置かれている企業も、少なくないことと思います。

組織が逆境に直面し、進むべき道を見失ってしまったとき、リーダーは何を見、人をどう束ね、組織をどう舵取りしていったらいいのかについてのヒントを、本書に記した数多くの事例から読み取っていただけましたら幸いです。

行政は経営だ――変革と創造のリーダーシップ　もくじ

第2章 トラックドライバーから市長に ――「いちはら愛」の原点

第3章 職員2000人の「大企業」を動かすリーダーシップ 83

第5章 公民の関係を超えたパートナーシップが未来をつくる

第6章 いちはらから未来をつくろう 207

第１章

「市原モデル」をつくる
―― 課題先進都市が挑む変革と創造

「市原力」——多様な人々が共に暮らすまちの力

2023（令和5）年5月に、市原市は市制60周年を迎えます。1963（昭和38）年に千葉県中央部の5町（市原、五井、姉崎、市津、三和）が合併し、1967（昭和42）年に南部の1町1村（南総町、加茂村）が加わり、現在の市原市が誕生しました。

市原市は千葉県内で最も面積が広い市で、北部は東京湾に面し、石油化学工業を中心とする日本有数の臨海コンビナートが発展しています。

南部には、人気の観光スポット・養老渓谷に代表される里山の風景が広がるなど、エリアによって異なる表情が市原市の大きな魅力です。

2020（令和2）年1月には、約77万年前に起きた地磁気逆転現象が世界で最もよく観察できる場として、市内を流れる養老川流域の田淵地区の地層が国際標準として認定され、注目を集めました。これにより、地球の地質年代区分の中に、初めて日本の地名にちなんだ「チバニアン（千葉の時代）」という名前がつけられたのです。

かつて臨海部のコンビナートを中心に企業進出が相次ぎ、約7万3000人からスター

富士山を背景に工場の煙突、田園、鉄道が共存する市原市を象徴する風景

トした市原市の人口は、1998(平成10)年には28万人に達しました。市の製造品出荷額なども全国第2位(2020年)となり、市原市は地域の中核的なまちに成長を遂げました。

高度経済成長期以降に移り住んだ市民を、もともとこの場所に住んでいた市民が受け入れ、半農半漁のまちだった市原市は全国でも有数の発展を遂げたのです。50、60年間で、これほど多くの人々が、ひとつの市に集中して移り住んだ例は珍しいのではないでしょうか。

全国各地から集まった人々が市民として暮らす市原市では、それこそ方言も食文化も、さまざまな地方のものが混在し、今に受け継がれています。私も子どもの頃、近所にあった九州ラーメン店に行き、「珍しい味だなあ」と思ってトンコツラーメンを食べたものです。

さまざまな人を受け入れる懐の深さこそ、市原らしさ。企業の進出とともに、多くの働きざかりの人々が新たに市原市民になりました。その中には、博士号をもつ人もいれば、さまざまな分野で高い能力や経験をもつ人もいます。

現役の頃は仕事が忙しく、なかなか自分たちが住むまちを顧みることができなかった人もいるでしょう。ところが年月が経つ中で、高度経済成長期に新たに市原市民となった人の多くが、地域社会に溶け込み、町会・自治会を始め、さまざまな地域活動に参画して下さるようになったのです。

市原市内には、2022年4月1日現在、515の町会・自治会があります。これは、地域の住民自らが、身近な生活環境の向上や日常生活上の課題解決をはかる場で、地域によって町会と呼ばれたり、自治会と呼ばれたりしています。

かつての働き手たちが今、その町会・自治会を支え、まちづくりの担い手として重要な役割を果たす存在になり始めているのです。

市原市が半農半漁のまちだった頃からの市民である私から見て、彼らは非常に合理的な考えの持ち主で、複雑にからみ合った問題を整理し処理する能力にたけています。彼らの子どもたちも市原市民になり、まちづくりの新たな担い手として加わってくれています。

もともと市原市に住んでいた市民、高度経済成長期に移り住んだ市民、そして、彼らの子どもたちの世代である新たな市民たちが、お互いのよさを発揮しながら成長を続けていることが、市原市の強さだと私は思うのです。

「日本の縮図」のまち・市原市がまず変えていく

ひとつの市の中に、巨大なコンビナートからなる工業地帯があり、田園地帯や里山があり、住宅地も商業施設もある。その意味で私は、市原市は「日本の縮図」だと考えています。

１９５０年代から臨海部に工場進出が相次ぎ、その中で、市原市では半世紀にわたって人口が増え、財政状況も非常に豊かでした。これは、高度経済成長期における、全国でも秀でた成功事例のひとつだと思います。

ところが２００３（平成15）年をピークに、市原市の人口は減少傾向を見せ始めます。２００８（平成20）年以降は自然減の傾向が現れ、今の総人口は27万９３９人（２０２２年９月１日現在）になりました。

現状のペースでいくと、市原市の人口は２０２５（令和７）年には約26万５０００人まで減少し、いわゆる団塊の世代が後期高齢者となる「２０２５年問題」が、日本では市原市で最も顕著に現れるだろうといわれています。

市内の地区別人口も、大規模開発によるニュータウンで、街並みの整備が行き届いた人気の住宅地・ちはら台地区を除く全地区で減少すると私たちは推計しています。

さらに、２０４０（令和22）年には15歳未満の年少人口と15～64歳の生産年齢人口をあわせて、２０２０年にくらべて20％も減少。２０６０年には、市原市の人口は17万２００0人まで減少すると見込まれます。

私たちが、わが市原市を「課題先進都市」と呼んでいるのはこのためです。

市原市は東京都心から50キロメートル圏内にあり、東京駅および羽田・成田空港まで約60分。首都圏にこれだけ近い場所に、人口28万人弱の中核的な存在として市原市があるわけです。

日本の地方都市が抱える課題や問題はさまざまですが、共通するものも数多くあり、なかでも人口減少は最も大きな課題です。

人口減少時代にあっても、まちが持続的な発展を遂げていくにはどうしたらいいのか。

そういう明確な課題が見えている状況の中で、一歩も二歩も先んじて、「日本の縮図」のまちである市原市が、まず変えていく。

市原市が解決できなければ、ほかのどの地域でも解決できない。

そんな思いをもって、私は令和4年第1回市原市議会定例会で、施政方針をこう述べました。

「私たちは今、少子高齢化、人口減少、そして新型コロナウイルス感染症といった困難な課題に直面しております。（中略）先が見えない今日の状況において、閉塞感や窮屈さが社会全体に漂い、未来への希望が見いだせなくなってしまうのではないかと、危惧しております。このようなときだからこそ、安心・安全に暮らしたい、地域で生き生きと暮らしたいといった市民の皆様の思いをしっかりと受け止めていかなければなりません。

そして、このようなときだからこそ、このまちの未来に思いをはせ、思いを叶えるために果敢に挑戦する方々が、思いを叶え活躍できる社会を実現していかなければなりません。

思いを叶えることにより、また新たな挑戦が生まれ、新たな思いを叶えるまちへ。

ひとつの思いの実現からさまざまな思いがつながり、まち全体で応援し叶えていくまちへ。

誰もが未来に夢や希望をもち挑戦し続けられるまちを、共に創り上げていこうではありませんか。

私は、総合計画に掲げた都市像『夢つなぎ　ひとときらめく　未来創造都市　いちはら』を必ずや実現し、すべての市民の皆様が未来に希望をもてるまちとするため、皆様1人ひとりの思いを大切に、『決断』と『実行』により、いちはらの未来を皆様と共に切り拓いてまいります」

まちの課題とポテンシャルを見据えた未来創造

「夢つなぎ　ひときらめく　未来創造都市　いちはら」というのは、私たちが目指す理想の都市像です。

市原市では、今後10年を見据えたまちづくりの羅針盤となる市原市総合計画「変革と創造いちはらビジョン2026」（計画期間2017～2026年度）を策定しています。その中で、私たちが目指す都市像と「2026年のいちはらの姿」を、基本構想として明確に定めました。

1963年に市原市が誕生して以来、当時の市原市民たちがまちづくりに抱いた思い。そこに、その後、市原市に移り住み、新たに市民となった人たちの夢が継続的につながっていくこと。これが「夢つなぎ」です。

たんに「つなぐ」のではなく、将来を見据えてより発展的に継続していく「夢つなぎ」

でなければなりません。

「ひときらめく」というのは、市民という人材1人ひとりがキラキラ輝きながら、自分らしく社会や市に貢献できる。そういうことが当たり前のように起きているまちをつくりたい、という思いを表す言葉です。

そして「未来創造都市」とは、人の力で「一歩先の未来」を創造するまち。目の前の問題を解決するだけではなく、一歩先を見据えた中で、どう行動し、これから市原市をどんなまちにしていくのかという視点をもつことが大切です。

市原市総合計画の基本構想には、「人口27万人の維持と500万人の交流へ　誰もが住みやすく　活躍できる　魅力あふれるまちづくり」というビジョンを掲げています。

私たちが実現を目指す「2026年のいちはらの姿」とは、次のようなものです。

1　産業と交流の好循環が新たな価値を創るまちへ【産業経済・交流】

- 働きたくなるまち
- 新たな魅力を創出するまち

2 つながりと支え合いが、ひとと地域を健康にするまちへ
【コミュニティ・福祉・健康】
● 地域とつながり、健康になれるまち
● ふれ合い支え合うまち

3 ひとの活躍と豊かな生活を支える安心・安全なまちへ
【都市基盤整備・安心安全】
● 住み続けたくなるまち
● 安心・安全なまち

4 子どもたちの輝き・若者の夢・いちはらの文化を育むまちへ
【子育て・教育・文化】
● 子どもを産み育てたくなるまち
● 愛着と誇りを育むまち
● 多様性を認め合うまち

5 ひとが環境を守り活かすまちへ 【環境】

●資源を有効に使うまち
●自然とともに生きるまち

市原市総合計画の基本構想に定められた都市像と「2026年のいちはらの姿」を具体化するために、3年ごとに策定されるのが実行計画です。最新の2022年版の実行計画(2022~24年度)には、次のような施策があります。

(1)安心・安全なまちの実現及び市民満足度の追求

①新型コロナウイルス感染症拡大の防止
②地域経済における活力の再生
③誰一人取り残さない包摂的な社会の構築
④強靭な地域づくりの着実な推進と地域防災の強化
⑤交通安全対策と地域公共交通の強化
⑥地域コミュニティの創生

（2）人口27万人の堅持に向けたバックキャスティングによる施策の展開

①若者・女性が輝き、子育て世代に選ばれるまちの実現
②未来につなぐ魅力あるまちの創造
③ＳＤＧｓのシンボルとなるまちの実現
④本市ならではの地域資源を活かした地方創生の推進
⑤将来を見据えた都市基盤整備への積極的投資

先にも述べたように、市原市は課題先進都市ですが、同時に高いポテンシャルももっています。だから、地域の課題とポテンシャルの両方をしっかり見据え、これからのまちづくりの方向性を打ち出していかなければなりません。

市原市がもつポテンシャルとして最も大きなものは、首都圏に近く、国際空港へのアクセスも非常に良好だという地の利です。

コロナ禍で、人々の働き方や会社の存在意義が大きく変化しました。今後到来するポス

トコロナ時代には、地方回帰の動きがより高まると考えられます。

だとすれば、首都圏から遠くない場所にある地方都市であることは、これから市原市の大きな強みになるはずです。

首都圏から一定の距離内にある「田舎」で提供できる快適な住環境や豊かな自然環境、地域社会とのつながり。それを売り物にするのが、市原市の新たな魅力の発信になると私は思います。

たとえば順番が前後しますが、先の実行計画では、市原市のポテンシャルや特徴を活かした施策の取り組み事例として、「ゴルフの街いちはら」の推進（本市ならではの地域資源を活かした地方創生の推進）、「ＳＤＧｓ未来都市いちはら」の推進（ＳＤＧｓのシンボルとなるまちの実現）などが挙げられます。

繰り返しになりますが、市原市がもつ工業地帯、田園地帯や里山、住宅地、商業施設だけが「日本の縮図」ではありません。今、市原市が抱えているさまざまな課題もまた、「日本の縮図」だといえるでしょう。

その意味で、それらの課題を市原市が解決できなければ、ほかのどの地域でも解決できない。だからこそ、「日本の縮図」のまちである市原市が、一歩も二歩も先んじて課題を解決し「市原モデル」をつくり上げていこうと、私たちは全力を挙げて取り組んでいるのです。

ゴルフ好きを「いちはら好き」にする「ゴルフの街いちはら」推進プロジェクト

わかりやすい例を挙げると、市原市は市内に32クラブ、33カ所のゴルフ場がある、ゴルフ場数日本一のまちです。毎年、市原市には約360万人の観光客が訪れますが、その半数近い約160万人が市内ゴルフ場の利用者です。

首都圏からの好アクセスに加え、市内にこれだけ多くのゴルフ場があり、ゴルフを楽しみ、打ち込める環境が整っているのも市原市のポテンシャルのひとつ。

ジュニアゴルフの世界大会で5回優勝した経験があり、世界のトッププロを目指しているジュニアゴルフ界のスーパースター・根本悠誠君も、ゴルフをするのに快適な環境を求めて市原市に移住しました。根本君はまだ中学1年生ながら、世界的なトップアスリート養成校として有名なアメリカの「IMGアカデミー」に2022年夏から単身留学し、夢の実現に向けて大きな一歩を踏み出しています。

こうした強みを活かし、今市原市では「ゴルフ好き」が「いちはら好き」になる「ゴルフの聖地」の実現を目指し、「ゴルフの街いちはら」推進プロジェクトを実施しています。同プロジェクトの主な施策を紹介すると、たとえばゴルフ初心者が、手ぶらでゴルフ場を訪れ、本物のコースでゴルフ体験ができるサービスが「手ぶら de ゴルフ」。ゴルフ場のスタッフによる基本的なルールやマナー講習を受け、ショットやパッティングの練習を行ったあと、実際のコースを体験できます。

市内に33カ所あるゴルフコースを巡り、スタンプを集める「いちはらゴルフ場巡り33」も非常に好評。市内にあるゴルフコースを5カ所、11カ所、22カ所回るごとに、市の特産品を賞品として進呈。33カ所すべてのコースでプレイ（1R）を達成した人には、養老渓谷温泉旅館のペア宿泊券などの豪華な賞品が贈られます。

「いちはらゴルフ場巡り33」は、市原市と市内の各ゴルフ場が協力し2017年から実施しているもので、全33カ所のゴルフ場でのプレイを終えて「満願」を達成した人が、これまで404人（2022年10月現在）おり、すでに2周目に入っている人もいます。8月に市内のゴルフ場を回り始め、翌年1月には全コースでのプレイを終えたという市原市民もいたほどです。

市原市が実施しているふるさと納税（ふるさと寄附）の返礼品の中でも、市内ゴルフ場のプレイ券は非常に人気があります。

私たちは、これらの事業を単発的なイベントとして行っているのではありません。ゴルフをきっかけに、より多くの方に市原市を知っていただき、スポーツや観光、レジャーなどを目的に市原市を訪れる交流人口の拡大をはかる。そしてさらに、ふるさと納税者を始め、地域に好意や愛着をもって関わりをもつ、あるいはこれから関わりをもちたいと思う関係人口、いい換えれば「いちはらファン」を創出・拡大していく。

そのうえで、将来的に市原市への移住につなぐという大きなゴールがあるのです。

また、市原市はゴルフ場利用税の税収額が年間約7億円と日本一ではありますが、ゴルフ場の数が日本一であるからといって、市原市は日本でも飛び抜けてゴルフプレイヤーが多いまちとはいえません。

その意味で、「ゴルフの街いちはら」推進プロジェクトを行うことで、市原市民にどんなメリットを提供することができるのかを明確にしなければなりません。

そこで私たちは、「市原市にとってのゴルフ・ゴルフ場」の価値を高め、市原市に関わりのある人が「ここに住みたい」、今市原市民である人も、これから市民になる人も「ここに住み続けたい」と思っていただけるように、教育手段・雇用先・住環境としてゴルフ・ゴルフ場を活用することに取り組んでいるのです。

教育手段としては、市内の子どもたちがゴルフにふれられる機会の拡大や、トッププロを目指す子どもたちへの環境整備を進めています。

たとえば、市内の小学生向けにゴルフ体験授業を行っており、ゴルフ場の仕事を見学してもらったあと、ゴルフの練習体験も実施。またジュニアプレイヤー育成の一環として、ジュニアゴルフ教室を市が主催し、ジュニアゴルフ大会も誘致して開催する予定です。

そのほか、ゴルフ場は、若者の就職先や企業ＯＢの再就職先として雇用にも大きく貢献しているほか、市民の皆さんが非日常の体験を得られる場として、市原市の住環境の向上にも役立っているのです。「人生100年時代」を見据え、健康寿命を延ばすために何かにチャレンジしたいと考えている市民の皆さんにとって、ゴルフが大いに役立つのではないかという思いもあります。

先に紹介した小学生のゴルフ体験授業やジュニアゴルフ教室は、ゴルフ人口のすそ野を広げるという意味でも重要です。

というのも、いわゆる団塊の世代が定年退職したあと、ゴルフ人口は大幅に増加すると思われていましたが、予想とは大きく異なり、ゴルフ人口が伸び悩んでいるからです。

コロナ禍を機にゴルフを始めた女性が増えるなど、明るい面があるのも確かです。でも、今後ますます人口が減り続けていく中で、これからゴルフを始めたいという人を一定数取り込んでいくことができなければ、ゴルフ場の持続的な経営は難しくなるでしょう。

そうなると、日本一ゴルフ場数が多いことが、市原市のポテンシャルではなく、リスクになってしまいます。

その意味で、ゴルフ人口のすそ野を広げるための「手ぶら de ゴルフ」であり、「いちはらゴルフ場巡り33」であり、ジュニアプレイヤー育成なのです。

「ゴルフの街いちはら」推進プロジェクトは、市原市、市原市観光協会、市内の各ゴルフ場などで構成される市原市ゴルフ場連絡協議会が主体となって実施されています。

中でも、市外から訪れる年間約160万人のゴルフプレイヤーや、市原市民にゴルフを楽しむ場を提供して下さる各ゴルフ場の多大な協力があっての事業です。

市原市と市内の各ゴルフ場は以前から協力関係にありましたが、この事業を通じてより一体感が強まり、同じ方向に進んでいこうという意識をもって「ゴルフの街いちはら」の推進に取り組んでいます。

ゴルフ場にけっして負担はかけない、ゴルフ人口のすそ野を広げるために、行政も一緒になって汗をかく。ジュニアゴルフ教室も市が主催して行い、ジュニアゴルフ大会の誘致にも積極的に取り組む。市内ゴルフ場のプレイ券を、ふるさと納税をして下さった方への返礼品のメニューにも盛り込む。

市原市はここまでやるんだという覚悟があったから、各ゴルフ場の支配人の皆さんも「ゴルフの街いちはら」推進プロジェクトが目指す本来の目的を理解し、積極的に参画して下さったのでしょう。

実際、本来ビジターを受けつけない会員制のゴルフコースにも、この「いちはらゴルフ場巡り33」に参加していただいているのは、特筆に値することだと思います。

石油化学コンビナートと里山が共存するまちが取り組むSDGs

市原市は2021（令和3）年5月に、内閣府が推進する「SDGs未来都市」に千葉県内の自治体として初めて選定されたほか、「SDGs未来都市」の中でもとくに先導的な取り組みである「自治体SDGsモデル事業」にも選定されました。

私たちが、2021年度自治体SDGsモデル事業に提案したのは「化学×里山×ひと～SDGsでつなぎ、みんなで未来へ～」というタイトルのプロジェクトです。

この事業の目的は次のようなものです。

国内有数の石油化学コンビナートを有するまちとして、市原市は2050年のカーボンニュートラル達成と、まちの持続的発展の両立に向けて、「素材から製品、製品から素材へ」をコンセプトとする「市原発サーキュラーエコノミー」（後述）を実現する。

あわせて、豊かな里山の自然環境を活かしたまちづくり、子どもや若者が希望を実現できる社会の構築などを進める。

これらの取り組みを、多様なステークホルダーとの「対話と連携」を通じて行うことにより、まちの誇れる未来を創造する、というものです。

市原市は今、先に述べた人口減少を含む、3つの大きな課題を抱えています。

(1) 石油化学コンビナートのサステナビリティ（経済面の課題）

- 臨海部企業の持続的な発展（国際競争の激化、内需の減少、設備の老朽化、カーボンニュートラルへの対応など）
- 優秀な人材の確保・育成

(2) 里山環境のサステナビリティ（環境面の課題）

- 荒廃する里山、激甚化する自然災害への対応
- 2050年カーボンニュートラルへの貢献
- コミュニティの希薄化

●新たな日常、働き方への対応

(3)「ひとの力」のサステナビリティ(社会面の課題)

●人口減少(若者・女性の転出超過)
●子育て・教育環境の充実
●子ども・若者の貧困対策

そこで私たちは、市原市総合計画と連動しながら、SDGsに対して市全体でどう取り組んでいくのかを定めた「市原市SDGs戦略」(2021~2030)を策定しました。その第1段階となる「市原市SDGs戦略I」(2021~2023)では、次の3つのリーディングプロジェクトを実施し、経済面、環境面、社会面でのチャレンジを行います。

●プロジェクト1「臨海部コンビナートとともに挑む『市原発サーキュラーエコノミー』の創造」(経済面でのチャレンジ)

●プロジェクト2「自然との共生　里山・アートを活かした持続可能なまちづくり」（環境面でのチャレンジ）
●プロジェクト3「すべての子ども・若者に夢と希望を子ども・若者の貧困対策」（社会面でのチャレンジ）

これにより、私たちが目指すのが、経済、社会、環境に好循環をもたらす6つの相乗効果の創出です。

①地域産業が活性化し就業機会を創出（経済→社会の相乗効果）
②先進的なＳＤＧｓの取り組みを通じて若者への訴求力を高め、地域産業に優秀な人材を呼び込む（社会→経済の相乗効果）
③循環型経済の構築によるカーボンニュートラルへの貢献（経済→環境の相乗効果）
④地域内資源リサイクルを通じて、「エシカル消費」や地域内消費を促進（環境→経済の相乗効果）

⑤多様なステークホルダーと連携し、ごみの減量化や温室効果ガスを削減（社会→環境の相乗効果）
⑥環境意識の向上により、環境配慮行動を促進し、地域の課題解決や愛着・誇りの創出（環境→社会の相乗効果）

「市原発サーキュラーエコノミーの創造」
——経済・社会・環境が好循環を生み出す持続可能なまち

「市原市SDGs戦略」の中で、市原市の地域的な特性を反映した独自の取り組みが、「市原発サーキュラーエコノミーの創造」です。

これは、企業・市民・行政が一体となり、「チーム市原」として実施するポリスチレン樹脂のケミカルリサイクル実証事業。

ポリスチレン樹脂とは、生鮮食品や弁当などの食品トレイ、カップラーメンの発泡カップなどに使われている、生活に密着した素材です。

国内初となるポリスチレンのケミカルリサイクル実証実験を成功させることで、ステークホルダーの輪を広げる。それにより、サーキュラーエコノミー（循環経済）をほかの素材や分野に波及させ、産業が環境・社会と共生する持続可能なまちをつくることが、この事業の目的です。

中でも大きな特徴は、これまで市原市の発展を牽引し、将来にわたって重要なパートナーであり続ける臨海部のコンビナート企業と行政が、お互いのもつ資源を最大限に活かして事業に取り組んでいることです。

石油化学分野を中心とするコンビナート企業は、市原市の税収の約3割を支えています。その多くは50年以上も市原市で操業を続けており、コンビナート企業は「進出企業」ではなく「地元事業者」だという意識をもって下さいと、私は市の職員に話しています。

市原市内の石油化学工場がつくっているのは、自動車のように形が見えるものではなく、ありとあらゆる製品に使われる原材料です。

これまで石油化学産業では、さまざまな製品の原材料をつくって出荷し、それが社会の役に立つという、ある意味「ワンウェイ型」のビジネスが行われてきました。

ところが2050年のカーボンニュートラル達成に加え、ロシアのウクライナ侵攻による資源・エネルギー問題が深刻化する中、石油化学産業でも従来型のビジネスモデルではもはや立ちゆかない。「サーキュラー（循環）型」のビジネスモデルを確立する必要がある。それが石油化学関連企業の社会的な使命であり、企業のサステナブルな成長にもつながるという認識が高まっているのです。

あらゆる製品に用いられる原材料をつくっている責任、そしてその原材料を多くのユーザーが使っていることに対する責任。いわゆるSDGsの12番目の目標である「つくる責任 つかう責任」に加え、今後は自分たちがつくった製品のリサイクルをどう回していくかという責任を果たすことが、非常に重要なテーマになります。

もちろん、市原市の工場で製品をつくっている石油化学関連企業でも、自社が果たすべき社会的責任について、しっかり考えて下さっています。

でも現実には、個社だけでできることには限界があります。石油由来の原材料を使ってつくられた製品が捨てられたあと、それらをゴミなどの形で回収し、分別を行って再資源化していくうえで、自治体との連携は不可欠です。

当然ながら、私たちも「企業の皆さん、しっかり頑張って下さい」という企業任せの姿勢ではいられません。市原市は企業の皆さんと一緒になって考え、サーキュラーエコノミーの市原モデルをつくっていきます。

初年度の2021年度は、ポリスチレンのケミカルリサイクルシステムをビジネスモデルとして構築するための基礎調査を行いました。ゴミの性状の分析やアンケートを実施し、ポリスチレン製品の排出量および見込み回収量のほか、市民・事業者の参画意識を調査。

2022年度は、自走可能なポリスチレン製品のケミカルリサイクルシステム実現に向けて、具体的な回収モデルを構築。その一方で、市内の石油化学関連企業と連携し、サーキュラーエコノミーの市原モデルの構築に向けて、具体的な取り組みを進めていきます。

市原市としては、たとえば工場内の緑地率を緩和したり、市が保有する遊休地の譲渡も含めた対応を実施。それにより、回収したポリスチレン製品のリサイクルシステムを導入したり、工場内のリノベーションを行うといった、企業の取り組みを支援します。

2023年から2024年にかけて、市内の石油化学関連企業と市原市の連携が本格的に始まる予定です。

「イノベーション宣言」で加速した市原市の改革

先に述べた通り、団塊の世代が後期高齢者となる2025年問題の影響は、市原市で最も顕著に現れるといわれています。

私はその5年前となる2020年の2月に開催された令和2年第1回市原市議会定例会で、「いちはらイノベーション宣言」を行い、こう述べました。

「現在、日本はこれまで世界のどの国も経験したことのない急速な人口減少・少子高齢化によるさまざまな地域課題に直面しております。

『日本の縮図』といわれる本市が先駆けとなり、道なき道を切り拓いていこうではありませんか。

私は、このまちの未来の姿に思いをはせ、このまちを愛する人々と共に未来を創るため、全国から新たな流れを市原に呼び込み、これまでにない大胆かつ積極的なプロジェクトを、まちづくり、ひとづくりの観点から重層的に展開してまいります」

イノベーション宣言は、2020年度を、まちづくりをさらに進化させるスタートアップの年として位置づけるものです。

これまでの延長線上にある市原市政であってはならない、市政を預かる私たち自らが意識を変えなければならないと、私は市議会であえて訴えました。

今振り返ってみれば、このイノベーション宣言がきっかけとなり、民間企業や、まちづくりに関するさまざまな分野で高い実績やノウハウをもつ人たちが、市原市が進めるさまざまなチャレンジに興味を抱いて下さるようになりました。

私自身、「市が何か改革に取り組もうとしても、今までのように行政指導や行政の力だけで課題や問題を解決することはできなくなっています。これからは公民連携でやっていかなければなりません」と市の職員にも話し、対外的なメッセージとしても発信していました。

こうした中、「自分もまちづくりに積極的に関わりたい」という志をもつ若い市原市民たちも出てくるようになりました。イノベーション宣言を受けて、市原市がまちを挙げて進める改革の動きは一気に加速したのです。

市原市の未来をつくる改革を進めるにあたり、市長の私と副市長、各部長からなる「いちはらイノベーション本部」が組織され、改革に向けた方向性について議論を重ねました。現在、市原市ではイノベーション宣言にもとづき、左記のプロジェクトを実施しています。

①「まちづくりのスタートアップ・プロジェクト」

- いちはらオープンイノベーションプロジェクト
- いちはらリノベーションまちづくりプロジェクト

②「ひとづくりのスタートアップ・プロジェクト」

- 次世代リーダー塾プロジェクト
- 地域共創プロジェクト
- ICT課題解決人材育成プロジェクト

まず「まちづくりのスタートアップ・プロジェクト」について説明すると、「オープンイノベーションプロジェクト」は、人口減少や少子高齢化などの地域課題を、既存の行政や企業の枠組みにとらわれないオープンイノベーション手法を用い、公民連携で解決するための試みです。

「いちはら未来創造プログラム～いちミラ～」のホームページやSNSを活用し、市原市の活性化につながる先進的な技術やノウハウ、アイデアをもつ企業の参加を全国から募り、事業マッチングやビジネスコンテストを行いました。

同プロジェクトを通じて、介護施設と有資格者の介護職をつなぐワークシェアプラットフォーム「カイスケ」（カイテク株式会社）などの事業が採択されています。

「いちはらリノベーションまちづくりプロジェクト」は、空き店舗などを活用し、いわゆる「都市のスポンジ化」を食い止め、エリアの価値を向上させ、若者・女性たちが集う魅力あるまちづくりを推進する試み。

企業や商店街の再生に関心をもつ若者や女性が、不動産オーナーと思いを共有し、空き店舗などの活用、周辺エリアの価値向上をはかるプロジェクトの立案・事業化を検討する場として、「リノベーションスクール」（後述）を開催しました。

また、市原市の未来をつくるまちづくりに向けて、何よりも重要なのは人の力。「ひと

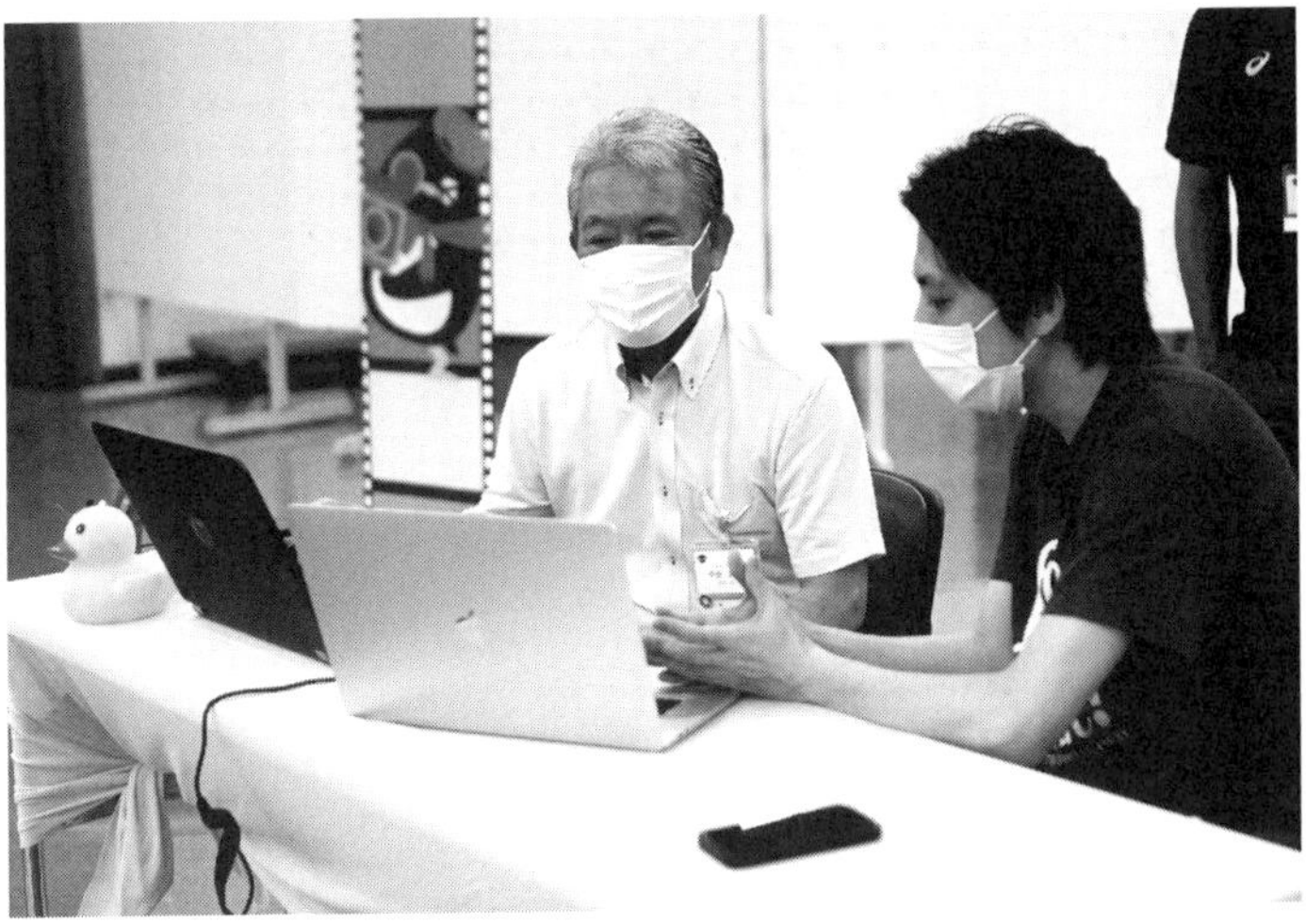

ICT課題解決人材育成プロジェクト。5カ月にわたる全10回の研修に20人の若者が参加

づくりのスタートアップ・プロジェクト」は、その人の力をより高めるため、まちづくりに対する意識が高く、これからの市原市を支える人材の育成を進めるための事業です。

具体的には、市原市の次世代を担う若手リーダーを公民連携で育成する「次世代リーダー塾プロジェクト」（後述）、地域のコミュニティで地域の課題について考え解決に取り組む「地域共創プロジェクト」など。そのほか「ICT課題解決人材育成プロジェクト」も面白い取り組みです。

市原市に縁のある大学生や若手社会人

を対象にＩＣＴスキルおよびコミュニケーション研修を実施し、そこで彼らが学んだ事柄を、中高生に教える場を設けています。ＩＣＴスキルを活かしてイノベーションを起こし、地域の未来を担う人材、地域の課題を解決できる人材、Ｓｏｃｉｅｔｙ5・0時代を見据えて各産業で加速するＩＣＴ化やＤＸを牽引する人材の育成を目指す取り組みです。

これらのプロジェクトを実際に推進していくうえで中心的な存在となるのは、市職員です。そこで、市職員1人ひとりが、市長である私と思いを共有し、志を高め、プロ意識をもって政策分野や部門の垣根を越えて連携し市民満足を実現する「総合行政」に邁進することを目的に、市原市の「経営理念」や市職員の行動指針などをつくる「未来創造経営力強化プロジェクト」を実施しています。

「未来創造経営力強化プロジェクト」を通じてつくられた市原市役所の組織ビジョン、経営理念、行動指針は、第3章で紹介します。

いちはらの未来をつくるまちづくり、人づくり

先に、「夢つなぎ ひときらめく 未来創造都市 いちはら」という、私たちが目指す都市像を紹介しました。「未来創造都市」とは、人の力で「一歩先の未来」を創造するまちです。「まちづくりのスタートアップ・プロジェクト」や「ひとづくりのスタートアップ・プロジェクト」に参画して下さった多くの市民の思いが、市原市の「一歩先の未来」をつくり上げていくための大きな力になることを、私は信じて疑いません。

「いちはらリノベーションまちづくりプロジェクト」では、起業や商店街の再生などに関心の高い市原市の若者や女性を対象に、空き家や遊休化した公共スペースなどを活用し、エリアの価値を向上させる「リノベーションまちづくり」の専門家を講師に迎えて、リノベーションスクールを開催しました。

リノベーションスクールの会場になったのは、JR内房線・小湊鉄道の五井駅西口から徒歩数分の場所にある五井会館。これは私が高校生の頃からあった建物で、周囲には店舗がたくさんあって、商店街は賑わっていました。ところが時代の変化とともに、商店街が空き店舗だらけになってしまったのです。

それが、2019(令和元)年になると状況が変わり始めます。

市原市出身の志ある若者が、五井会館近くの「シンコープラザ」というアーケード商店街にコワーキングスペースをオープンしたのです。同商店街は夜には居酒屋などが営業し賑わうものの、日中は文字通りシャッター街になってしまいます。そんな閑散とした商店街にコワーキングスペースがオープンして以来、「商店街にもう少し店舗が戻ってきたらいいのに」という声が高まり始めていました。

リノベーションスクールは、若い人たちが数多く集まる場です。そこで堅苦しい雰囲気にならないように、1回目のリノベーションスクールは五井会館の玄関前のオープンテラス、2回目は会館前の公園で行いました。

最初は、私と講師が対談し意見交換を行う形でスタートしましたが、その後は受講生たちが空き店舗の活用、周辺エリアの活性化について積極的に提案してくれるようになったのです。

そんな中、2020年12月のリノベーションスクールで、「商店街で朝市を開催してはどうか」という提案がありました。

この提案は「五井朝市」として実現し、2021年8月から、毎月第3日曜日の7時30

リノベーションスクールでは遊休不動産などの有効活用を受講生と練る

分～10時00分（冬期は8時30分～10時30分）に、毎回12～15店舗が出店し、朝市が定期的に開催されるようになりました。

夜以外は人通りがまばらだった商店街に、五井地区を中心とする市原市内全域から飲食店や農家などが商品をもち寄り、販売を行うようになったのです。「五井朝市」は地域住民にも認知され始め、地域のイベントとして定着しつつあります。

毎月1回、日曜日の朝ではありますが、シンコープラザ商店街に賑わいを取り戻したいという、リノベーションスクール受講生を始め、商店街の関係者や地域住民、受講生たちの活動をバックアップしてくれた商工会議所など、さまざまな団体の関係者の思いが現実のものになったのです。

また、リノベーションスクールのアフターフォローとして2022年3月に開催された「家守（やもり）塾」に、かつて五井駅西口前で営業し、2013（平成25）年に惜しまれつつ閉店していた京葉画廊（2022年6月に営業再開）さんの現オーナーが参加。

空き店舗の活用を提案する側と、空き店舗のオーナーが直接やり取りできる機会を設けているところが「いちはらリノベーションまちづくりプロジェクト」の大きな特徴です。

京葉画廊さんのオーナーが家守塾に参加してからわずか2カ月で、「こどもアートワークカフェ」の事業化が決定しました。

このイベントは、京葉画廊さんを会場に、画廊の壁に貼られた大きな布キャンバスに、6月の花であるアジサイの絵を描き、ひとつの作品に仕上げようという試みです
同イベントは、五井駅西口近くで子育て世代が集まる「軒下カフェ」を運営するチームSEGARE（セガレ）が企画。2022年6月21日から26日まで開催されました。

ちなみに「軒下カフェ」は、青果店で廃棄される前の果物を使って飲み物や焼き菓子をつくり、「アップサイクル」を行っているカフェで、これもリノベーションスクールでな

された提案が実現した事例のひとつです。

「こどもアートワークカフェ」を訪れた子どもたちが描いたアジサイの絵は、日を重ねるごとに数を増し、最終日にはキャンバスがアジサイの絵で一杯になりました。「またここに来たい」、「友達を連れて来たい」という子どもたちの声も聞かれたそうです。

過去2年間の活動を通じて、飲食、建築、不動産、デザイン・映像、農業などの幅広い分野のまちづくり人材とのネットワークが広がりました。

「五井朝市」、「こどもアートワークカフェ」、「軒下カフェ」に続くプロジェクトの事業化を目指し、「いちはらリノベーションまちづくりプロジェクト」の活動は続いています。

もうひとつ、「次世代リーダー塾プロジェクト」も、市原市の「一歩先」の未来をつくる人材を育成するうえで大きな意味をもっています。

「次世代リーダー塾」は、市内の若手社会人、企業の若手経営者、市職員を対象にして、2020年10月から2021年2月まで行われた目標達成型リーダー育成プログラム。

企業ならたとえばお客様、市職員なら市原市民に加え、仕事やプロジェクトを通じて関わる人の幸せを自分の幸せと考える「利他の心」を育み、目標達成力を強化し、リーダーシップを開発することを目的にしています。

次世代リーダー塾では、それぞれ経営者、若手社会人、市職員向けに、「私と市原のビジョンを描く」こと、「人を巻き込むリーダーシップを高める」こと、「人を巻き込むプレゼン力を高める」ことをテーマに3回の講座を実施。

そのうえで、経営者と若手社会人、市職員が一堂に会して学び合い、「相互連携できるネットワークを高める」ことをテーマにした講座も開講されました。

加えて、「理念を貫く高収益企業に共通する原理原則」、「トリプルウィンの商品開発とマーケティング」、「一枚岩の組織をつくる組織風土と文化づくり」、「後継経営者と幹部人材の育成」について学ぶ経営者向けのセミナーも行われています。

次世代リーダー塾で学んだ「私と市原のビジョンを描く」力、人を巻き込むリーダーシップ、人を巻き込むプレゼン力は、市職員にとっても、自分の担当分野や所属部門を越えた連携、あるいは公民連携を通じてさまざまなプロジェクトを動かしていくうえで、大いに役立つでしょう。

中でも、経営者と若手社会人、市職員が一堂に会して学び合いながら、意見を交換し合う場をもつことができたのは貴重です。

今起きている社会の変化をとらえ、新たなまちづくりの提案を行っていこうとする中で、自らスキルを向上させるため、こうした学びの機会に率先して参加しようという市職員も増えているからです。

運送会社の経営者だった私から見ても、民間企業の時間の流れと、市職員たちの考える時間の流れはやはり大きく違います。

これは発想についても同じです。とくに次世代リーダー塾での経営者、若手社会人との対話を通じて、市職員たちが日常業務の中で当たり前だと思っていたことが、実は当たり前ではなかったという気づきがあったはずです。

逆に対話を通じて、市職員たちが考え行動に移そうとしていることに、経営者や若手の社会人が賛同し、後押しをしてくれたという手応えを得た部分もあったでしょう。

こうした相乗効果によって、市民と市職員の仲間意識がより高まったといえるのかもしれません。

その意味で、次世代リーダー塾はお互いにとって、よい学びと連携の場になったと思います。

ありがたいことに、最近、市民の皆さんから「市原市は変わったね」、「市原市は前に進んでいるね」と声をかけていただくようになりました。

「市原市が動いているように見える」といって下さる方もいます。

本章で述べてきたように、市長である私も市職員たちも、「まちを動かしたい」という強い思いをもって、さまざまな事業に取り組んでいます。

ですから、市民の皆さんと日常的に接する中で、実際に市原市が「動いているように見える」という声を聞くことは、どんな褒め言葉をいただくことよりも嬉しいのです。

第２章

トラックドライバーから市長に
―「いちはら愛」の原点

生まれも育ちも仕事も「いちはら」

私が生まれ育った市原市北部の青柳という地区は、昔は半農半漁のまちでした。幼い頃、自宅の庭で海苔を干していた光景を、今でもかすかに覚えています。

かつて、市原市の臨海部に住む人たちの多くは、漁に出たり海苔を採ったり、貝を採ったりしながら生計を立てていました。

ところが1960年代の町村合併で市原市が誕生した頃、臨海部の埋め立てが始まりました。県の政策で、漁業中心に生計を立てていた同地域を工業地帯にすることになり、臨海部に日本有数の巨大なコンビナートができたのです。

それをきっかけに、父は漁業権を放棄し、トラック1台で運送業を始めました（小出運輸有限会社〈現コイデ陸運株式会社〉）。会社設立当初は砂利や砂のほか、野菜を運んでいたことが多かったようです。

トラックが2台、3台、4台と増えていくにつれて、従業員も増えていきました。ドライバーのほかに、荷物の積み下ろしを手伝う助手もいて、私の実家には数人が住み込みで働いていました。

そんな環境の中で、私の人間性の基礎となる部分が養われたのだと思います。

市原市で生まれ育ち、生活してきた一市民として、まちに対するさまざまな思いがあり、愛着があります。これまで半世紀以上にわたり、市原市に起こったさまざまな変化を、肌で感じて生きてきました。

「三度の飯よりいちはらが好き」と話すこともあります。

生まれも育ちも、仕事も市原市だということが、私の一番の強みです。

まちが抱えるさまざまな課題を解決して将来への不安をなくし、今だけでなく将来の市民にも安心して暮らしていただける市原市にすることが、私の使命だと思います。

運送業の2代目社長として

運送業を家業とする家に生まれた私ですが、まったく違う道に進もうと思ったこともあります。自分の将来について真剣に考えた結果、「やはり自分があとを継ごう」と決心した私に、「学校を卒業してから、一度は他人の飯を食べてきたほうがいい。トラックのディーラーやメーカーに就職して経験を積んではどうか」と勧めてくれた人たちもいました。

ところが父は、「運送屋になるんだったら、明日からでもトラックに乗ったほうがいい」というので、父の会社に入社してから30歳頃まで、ほかの従業員たちと一緒にドライバーとしてハンドルを握り続けたのです。

大型トラックの運転にはまもなく慣れましたが、仕事柄、長距離を運転する機会が多く、辛い思いもずいぶんしました。「なぜ自分は運送屋になってしまったんだろう」と後悔したことも、何度あったかわかりません。

もともと運送業は、荷物をA地点からB地点に移動させることで運賃をいただく商売です。お客様からお預かりした荷物を完全に配送することが運送業の使命ではありますが、従来通りに荷物を運んでいるだけでは、生産性を向上させることが困難です。

会社を成長させていくためには、過去の延長線上ではないさまざまなチャレンジをしていかなければなりません。そこで私たちは差別化のために、タンクローリーに特化し、臨海部のコンビナート企業が生産した石油化学製品を運搬するようになりました。まだ高速道路網も発達していない頃の話です。旧街道を通って顧客先の化学工場にタンクローリーで製品を運んでいるとき、商店街などの狭い道を大型車同士ですれ違うのに、肝がちぢむような思いで運転したこともありました。

そんな修業時代を経て、私は副社長という立場になっていました。

そして33歳になったとき、私は父に社長交代を直談判したのです。

「これから先のことを考えると、親父が社長でいるよりも自分が社長になったほうが、会社を伸ばしていけると思う。社長を交代してくれ」

私はけっして、父を否定するつもりはありませんでした。あくまで会社の将来を考えてのことです。

その当時、父は別の運送会社も経営していました。運送会社をもうひとつつくることには、経営のリスク分散という意味はあったと思います。でも、同じ運送を目的とする似通った業態の会社を2つもつことに、どれだけのメリットがあるのか、私には疑問でした。別会社に、よほど大きな差別化要素や異なる強みがなければ、2社分の法人税を支払いながら事業を続ける意味がありません。どちらか片方の会社が、何かの理由で厳しい状況に陥ったとき、かえって傷口が深くなる可能性があると私は判断したのです。

「親父が新しく始めた会社をまるごと引き取るから、自分に社長をやらせてほしい」と、私は父に重ねて訴えました。

父が新しく始めた運送会社の従業員を引き取り、ひとつの会社にするのです。私は、当時30人近くいた従業員1人ひとりと直談判を始めました。個人所有のトラックは会社が買い取り、継続して雇用する。合併先の会社の従業員との待遇に差は設けないと、誠意をもって交渉にあたりました。

異なる会社をひとつに統合することは、本当に大きなエネルギーを必要とするものです。でもそれを先送りしていたら、その後に起きた石油ショックやバブル崩壊、リーマン・ショック、東日本大震災、コロナ禍といった大きな逆風の中で、会社が生き残ることはできなかったかもしれません。

信頼に足る経営者であるために

そこから私は経営者としての道を歩み始めたのですが、しょせんは中小零細企業の一社長です。まずは従業員にとって、信頼に足る経営者でなければならないと私は思いました。信頼される経営者というより、信頼に足る経営者です。

私がまず心がけたのは、常に作業着を着て、社員と行動を共にすることでした。業務が終わってから、とりとめもない話も含めて従業員たちと語り合い、飲み食いもしました。

タンクローリーの塗装が色あせてくると、ＤＩＹの好きな従業員に「塗料や工具を買ってきて、これを2人で塗ってみよう」と声をかけたこともあります。

塗装がはげた部分をタッチアップする程度ではありません。あの大きなタンク全体を塗装し直すのです。2人で黙々と作業をしていると、別のドライバーが寄ってきて、「これ、大丈夫か？　みっともなくて道路を走れなくなるんじゃないのか」と冗談をいうこともありました。

あの頃の私は、行動すること、行動で示すことがとにかく大事だと一生懸命でした。もともと運送業のドライバーは、運転免許証1枚で、給料の高い会社を求めて渡り歩くことが当たり前だったからです。

従業員と共に同じ時間を過ごす中で、高尚な議論ではなく身近な話として、「自分たちが置かれた立場の中で、どうすればもっといい仕事ができるだろうか」ということについても語り合いました。

社長とはいえ、けっして遠く離れたところにいる存在ではありません。いかに従業員と思いを共有し、一緒に仕事ができるかということに、私は心を砕いたのです。

何があっても逃げない覚悟

経営者としての覚悟や胆力を試されることも、ずいぶんありました。

もともと運送業には事故のリスクがつきものです。

非常に痛ましいことですが、1年間に3件の死亡事故が起きたこともありました。最終的には、3件ともに相手方の過失が大きいと判断されたのですが、本当に辛い思いをしました。

一般に、トラックと乗用車が衝突したのであれば、トラックのほうが悪く見られがちで、真相がまだわからない事故当日はとくにその傾向が強いものです。

その年に、国道で、相手の車が反対車線から当社のトラックの前に飛び込んできた事故がありました。事故の一報を受けて駆けつけた病院で、相手側のドライバーが亡くなったことを知り、私は1人でご自宅に伺いました。

事故の経過はまだよくわかりませんでしたが、相手の方が当社のトラックと衝突してお亡くなりになったのです。悲しみに暮れるご家族に深々と頭を下げ、私はお悔やみを述べました。

また別の事故で、病院に駆けつけたところ、「ご家族親戚が集まって大変なことになっているので、今は面会されないほうがいいと思います」といわれたこともありました。

それでも私は「そういうわけにはいきません」と話し、霊安室に向かいました。

親族の皆さんは興奮していて、話さえ聞いてもらえません。お通夜にも、お葬式にも伺うことを拒否されました。お葬式のあとにご自宅に足を運んだところ、灰皿が飛んでくるというような状態でした。

原付スクーターが、国道の車線をまたいで当社のトラックの前に突然飛び出してきたため、ブレーキが間に合わなかったという事故です。

それでも私は、ドライバー本人はもちろんほかの従業員も連れずに、1人で相手方のご自宅を訪れ、頭を下げました。

会社を背負っているという責任感はもちろんですが、これは人としてのあり方の問題です。誰かに責任を押しつけるのではない、最終的な責任はすべて自分にある。そこから逃げない、という覚悟が、そのときに定まったのかもしれません。

交通事故はもちろんあってはならないことです。でも運送業で起こりうる、そうしたリスクの中で、先に何が起こるかわからない不安がありながらも自らが責任を負い、会社を成長させていく。その繰り返しが、今の私の人格形成の基盤になっていると思うのです。

中小零細企業ですから、すべての判断は自分自身で、とにかくスピード感をもって行わなければなりません。経営者として日々仕事をする中で、そのような訓練を積んだ経験をもとに、今があるのだと思います。

新分野への挑戦——モノの輸送から人を運ぶビジネスへ

父に社長交代を申し入れたのと時を同じくして、私は新たに観光バス事業への参入にチャレンジしました。

話が前後しますが、私が28、29歳の頃はまだ景気がよくて、トラックの台数も順調に増えていました。その頃、よく訪れていたトラックのディーラーの営業マンが、私のことを「若、若」ともち上げるのです。これではいけないという危機感がありました。

当時、競争相手がひしめく中で、当社はタンクローリーに特化し差別化を進めたわけですが、たとえばLPガスタンクローリー車ならLPガスしか積めません。

つまり、危険物輸送に特化し競争力を高めた一方で、明日から違う荷物を積めるトラックは1台もないという、リスクも抱えた仕事をしていたのです。

そんな中で私は、モノから人へとシフトし、より付加価値の高い陸上輸送を手がけていきたいという思いを抱くようになりました。

小学校の頃、バスに乗って箱根に修学旅行に行ったときのワクワク感も大きかったのでしょう。そのときバスガイドさんが歌った替え歌を、私は今でも覚えています。

幸運なことに、その頃ある行政書士と知り合い、親しくお付き合いをする中で、かねてからの念願だった観光バス事業への進出を、二人三脚のようにサポートしていただきました。

観光バス事業の免許をとるために週1回は必ず集まり、学科試験突破のために、自動車六法の勉強会を開いていただくなど、さまざまな支援をして下さったのです。

努力が実り、やっと免許をいただいて、バス7台で事業をスタートしたのですが、いきなり大型バスの免許は交付されません。先に免許をいただいたのが、定員29人以下の中型バスおよび小型バスでした。

バスが納車されたときの嬉しさは格別でした。その一方で、実車を目の前にして、怖さを感じたのも事実です。

これまで自分でもトラックのハンドルを握り、得意先にも営業に回っていたので、トラック運送事業についてはある程度理解していました。ところが観光バス事業は、当社にとってまったく初めての試みです。

すでにドライバーも確保し、バスも納車されました。来月からは支払いが始まります。ですから、自分の責任において仕事を取ってこなければなりません。

それから、県内の大小さまざまな旅行代理店を訪ね歩く日々が続きました。

初めて訪れたある個人営業の旅行代理店で、「新しく観光バス会社を始めた者ですが」と話し始めたとたん、「あなたのところに出すような仕事は一切ないから」といわれたこともあります。

それが悔しくて、私は毎日午後1時に、その旅行代理店に1カ月通い続けました。その結果、本当にありがたいことに、その旅行代理店は、当時の一番の得意先になって下さったのです。

顧客満足を追求すること、仕事を自分事化すること

観光バス事業がやっと軌道に乗り始めた頃、再度の資格検査を経て、やっと大型バスをもてることになりました。

社内のトラックドライバーから何人かを引き抜いて観光バスに乗せたり、大型バスの運転経験があるドライバーを募集するなど、新たなチャレンジに向けて準備を着々と進めました。

未経験の新規参入者が市場で生き残っていくためには、差別化しかありません。そこで私たちが徹底して進めたのが、顧客満足の向上です。

かといって、運転が本業であるドライバーたちに、接客やおもてなしを細かく指導するのは現実的ではありません。

私たちが立てた方針は、「自分がされたら嫌だと思うことはしない、されたら嬉しいと思うことをしよう」と、きわめてシンプルです。

当時は、お客様がバスに乗り降りするときに、ドライバーがドアの前に立ってお迎えやお見送りをすることはほとんどありませんでした。そこでまず、こうした身近な部分から、顧客満足向上の取り組みをスタートさせたのです。

あわせて、私がその頃よくドライバーたちに話していたのが、仕事を自分事化することの大切さでした。

仕事に慣れることはある意味怖いもので、バスのドライバーたちは、ともすればお客様をA地点からB地点に運ぶことが、自分の仕事だという意識になりがちです。お客様の立場に立って考えることは、仕事を自分事として考えることから始まるのです。

私はドライバーたちにこう言葉をかけました。

「ドライバーの皆さんは、お客様を1泊2日で目的の観光地やホテルにお連れすることが、自分の仕事だと思うかもしれません。でもよく考えてみて下さい。お客様の中には、今日の1泊2日の旅を楽しみにしながら、毎月お金を積み立てて来て下さった人もいるんです。そんなお客様たちが、旅行に来ることができてよかったと思ってくれるかどうかは、皆さんの行動にかかっています。だから、自分がされたら嫌だと思うことはしない、されたら嬉しいと思うことを実践してほしいのです」

観光地を歩き、バスに戻ってきたお客様に「お疲れ様でした」と、ちょっと声をかけるだけでもいいのです。お客様に対する小さな気遣いを繰り返しながら、私たちは顧客満足の向上に一生懸命取り組んできました。

第3章で紹介する市原市の組織ビジョンと経営理念、行動指針の最初に、「市民の思いを自分ごと化」と記してありますが、「仕事を自分ごととして考えることを大切にしよう」という思いは、当時からずっと変わっていないのです。

「ありがとう」という仕事から、「ありがとう」といわれる仕事へ

観光バス事業に参入したことで、私たちはモノの輸送から、しゃべる人を運ぶことへとサービスを進化させました。

私は当時、陸上輸送1本で生きていこうと決めていて、ほかの事業に手を出そうとは考えていませんでした。そうした中で、より付加価値の高い陸上輸送サービスを模索し続けていたのです。

実際、観光バス事業を手がけるようになってから、私たちはお客様に喜びを提供できるようになりました。

その次に目指したのが、陸上輸送を通じてお客様の困り事の解決に役立つこと。つまり、陸上輸送で広く社会に恩返しができないかと考えたのです。

そうした中で、私たちは介護保険制度が実施された2000（平成12）年に、寝たきりの高齢者などをストレッチャーや車椅子に乗せて車で運ぶ「介護タクシー」事業をスタートさせました。

その頃、東京都内で「民間救急」という先行サービスが始まっていましたが、利用料金が高額で、庶民が気軽に利用できるものではなかったのです。そこで社会への恩返しという意味を込めて、タクシーメーターで料金を支払っていただけるようにしたのが、介護タクシーサービスです。

私たちが介護タクシーサービスを始めた事業会社には、当時、観光バスとトラックのドライバーの中からスカウトした7人の従業員がいました。

介護タクシーは身体介護に位置づけられ、ヘルパー資格がないと利用者の身体にふれることができません。そこで、介護職員初任者（ヘルパー2級）の資格を取るために、船橋市まで研修を受けに通いました。

私を含めて8人が、それぞれ毎週火曜日のコースと金曜日のコースに分かれて介護職員初任者研修を受講し、半年以上をかけて資格を取ったのです。

サービスを始めて最初に担当したのが、腰椎骨折で寝たきりの状態になっていた女性の高齢者でした。週2回の通院が必要な方で、私自身が担当者になりました。

お姫様抱っこをしてベッドから車椅子に移っていただき、車椅子から車に乗りかえて病院に向かうのです。診察にも付き添い、またご自宅までお送りしました。

旦那さんから、「本人も頑張って回復したのは、あなたのお陰です」と話していただいたとき、私は「この仕事をやって本当によかった」と、これまでにないやりがいを感じたのです。

仕事としてサービス利用料を支払っていただいているのに、お客様から「ありがとう」といっていただいたからです。

自分たちの仕事が、社会にとって必要なものとして認められたことを実感できた瞬間でした。そんなサービスを提供できたことが誇らしく、私の人生観はそれから大きく変わりました。

思い起こせば、私が「これから介護分野に進出したい」と周囲の人たちに話したとき、「なぜ苦労してまで、そんなことをやらなければならないのか」といわれたものです。

確かに、介護分野は楽な仕事ではありません。でも介護分野を手がけたことで、トラックやバスを運転していたドライバーたちが、助けを必要としている人を運ぶことで感謝されるようになりました。それにより、従業員たちは自分の存在意義を実感し、承認欲求が満たされるという得がたい経験をすることができたのです。

その体験を通じて、彼らの仕事に対する自覚は大きく高まったことでしょう。

経営者として磨いた「リスクとチャンスに向き合う力」

本章で述べてきたことは、「運送業は腕と度胸とドンブリ勘定」といわれていた時代の話です。ですから当時の私に、飛び抜けた経営的なセンスや判断能力があったわけではありません。

ただ、会社を成長させていきたいという強い思いはありました。だから、チャンスは逃したくない、そのためにチャンスをどう活かすか、ということを真剣に考えていました。

リスクを負うのを承知で、私自身が先頭に立ち、タンクローリーによる危険物の輸送に特化していったのも、差別化によって生まれるチャンスを最大限に活かすためです。

同時に、危険物を扱うことで生じるリスクを軽減するために、社員教育をしっかり行うという方針で、どんどん前に進んでいきました。

経営者としての経験の中で、リスクとチャンスに向き合う力が鍛えられたのでしょう。それにより、逆境の中でも「こうすればいい方向に行くのではないか」と前向きに、解決を模索する思考が身についたのではないかと思います。

経営者として身につけた数字の感覚も、意思決定に大きく役立っています。

第3章で述べる「市原市立小中学校空調設備導入プロジェクト」でも、担当部と市の財政についてのやり取りをしている中で、決算前ではありましたが、これだけの金額の財政調整基金は積み増しできるだろうという想定が、あらかじめできていました。

だから、子どもたちが次年度の夏に快適な環境で勉強できるようにするため、今やっておくべきことをすぐにやる。国の補助がなくても、市原市単独でやろうと、迷わずに決断することができたのです。

その結果、コロナ禍の影響による次年度の夏休みの短縮に対応することができました。

将来に何か不安要素を残す可能性があるなら、早い段階で改革するべきだというのが私の信念であり、あの当時の判断はけっして間違っていなかったと思います。

振り返れば、父に社長交代を直談判したことが、私が最初に手がけた改革だったのかもしれません。

父としてはけっして面白くなかったでしょう。自分が興した会社なのに、私が入社してから、会社が若輩者の私を中心に回り出していく。そこで、おそらく自分が自由に経営できる場をつくろうとして新たに設立した会社も、将来を見据えて合併しようという。

繰り返しになりますが、私はけっして父を否定するつもりはなかったのです。

当時、私に問題意識がなかったら、2つの運送会社を合併するためにあれだけ大きなエネルギーを費やすこともなかったでしょう。でも、会社の行く末を真剣に考えたとき、将来に何か不安要素を残す可能性があるなら、早い段階で改革するべきだという信念を、私はそのときも曲げませんでした。

それだけ強い思いをもちながら、改革に臨んだのです。

私が社長に就任したのは27年前ですが、経営者時代から今に至るまでのあいだに、やるべきことを、やるべきときにやるという決断を重ねてきたことを、誇りにさえ感じています。

決断は先送りすべきものではありません。決断を1日延ばし、1カ月延ばし、1年延ばしたからといって、よい結果に結びつくとは限らないのです。

逆境であればなおさらのこと、決断を躊躇していたら、状況はどんどん悪くなっていくばかりです。

それがまさに今なのだと、私は思います。

企業経営から行政経営へ——「市民力」への感謝

そんな私に、経営者を辞めて市原市政に携わるという、大きな転機が訪れます。

私は、ずっと運送業の世界で生きていこうと思っていたので、まさか自分が政治の世界に足を踏み入れるとは思ってもいませんでした。

私が生まれ育った地元に、市議会議員を7期28年にわたって務めたベテラン議員がいたのですが、高齢のため「自分は次の選挙には出馬しない」と宣言したのです。

その後継として、私に白羽の矢が立ちました。

ちょうどその頃、自動車NOx・PM法改正を始め、ディーゼル車の排出ガス規制強化の動きが強まり、対応に追われていた私は、市議会議員選挙への出馬要請をお断りしました。ところが、父が説得を受け、「地元の皆さんがここまで推して下さるのなら、やってみたらどうか」と私に勧めたのです。そこで最終的に、私自身の判断として出馬をお受けしました。

2003年に、私は市原市議会議員に初当選しましたが、議員と社長の二足のわらじを履くわけにはいきません。当選と同時に私は社長職を譲り、議員活動に入りました。

以来3期12年にわたって議員生活を送ることになったのですが、私が一貫して心がけたのは、行政に対する批判だけではなく、「これはこうあるべきだ」、「こう改善すべきだ」という提案型の質問をすることでした。

批判のための批判では何も生まれません。

2011（平成23）年に3期目を迎え、2013年には市原市議会議長も務めさせていただきました。市議会議長在任中に市原市議会基本条例を制定し、議員定数も1割削減しましたが、これは市民の皆さんに対して、議会のあるべき姿を示すうえで非常に重要な案件です。反対意見も少なくありませんでしたが、「議会すら変えられない者が市原市を変えられるはずがない」と、改革実現のために奔走しました。

そんな中、3期目の途中から、私は「最終的に市長になって思いを遂げたい」と考えるようになったのです。

その思いとは、「市民の皆さんが誇りに思い、大きな不満や不安がなく暮らしていけるまちをつくりたい」というものです。

この思いを叶えるために、行政のトップとしてやるべきことをやり、改革を進めたいと私は思うようになりました。市長という立場がどうのというより、やるべきことをやり、改革を進めていくために、市長として発揮することのできるスピード感や影響力などを活かしたいと考えたのです。

私は運送業という、文字通り地べたを這いつくばるような仕事をし、苦労を重ねてきた人間です。

第1章で話したように、市原市は高度経済成長期以来、財政的に豊かな状況が長く続いた時代もありました。そういう右肩上がりの時代には、別の人が市長をやればいい。でも今のように人口が減り、財政事情も厳しくなってきている大きな変わり目の時期ならば、自分が役に立つかもしれないと思っていたのです。

私が妻に「実は、市長選に出ようと思っている」と告げたとき、彼女はひとことも反対しませんでした。

「あなたは若い頃から、他人がやれないようなことをしてきたのだから、あとは市原市に恩返しをするために働くなら、いいと思う」と、背中を押してくれたのです。

1期目の市長選は、これまでの延長線上の市政運営は通用しない、「変革と創造」を基本理念としたまちづくりが必要だと訴え、無所属で出馬しました。

対立候補はスケールの大きな組織による選挙運動を展開し、終盤戦には閣僚も応援演説に訪れました。無所属で戦う私には、応援に来てくれる国会議員もいません。地元の意識の高い市民たちと一緒に街頭演説に立ち、政策を訴えて回るという地味な選挙戦を戦いました。投票日には、マスコミは対立候補の陣営に張りついていました。私の後援会事務所の皆さんは、「きっと駄目だろう」と下を向いていたことでしょう。

そんなとき、思ったより早いタイミングで、私のもとに一報が入ったのです。「こんなに早く駄目出しを食らうのか」と思い電話に出たら、驚いたことに「当確が出た」というのです。

蓋を開けてみれば、1万5000票近くの差をつけての勝利でした。

文字通り、地べたを這いつくばるような選挙戦でしたが、議員当時の私の行動を見ていて下さった方も数多くいたのでしょう。

市原市の将来を真剣に考え、自らの意思で投票をして下さった市民の皆さんの行動に、感動を覚えずにはいられませんでした。

市原市民の意識の高さ、「市民力」といってもいいものを、私は確かに感じたのです。

だからなおさらのこと、覚悟をもって、市長という仕事に全力で臨んでいこうと、今また思いを新たにしているところです。

第３章

職員2000人の「大企業」を動かすリーダーシップ

「1人の100歩」より「100人の1歩」こそ大きな力

私が市原市長選挙に当選したのは、2015年6月のことです。約2000人の職員が働く市内最大の「企業」である市原市役所に、市長として初登庁した私は、職員たちに「1人の100歩より100人の1歩」という話をしました。

これまでの延長線上の市政運営は通用しないという思いから、「変革と創造」を基本理念としたまちづくりの必要性を訴えてきた私です。

今までの当たり前を当たり前にしない。前例にとらわれないまちづくりを行っていく。

そのスタートにあたり、私はこれから一緒に仕事をしていく市原市の職員たちに、どんな言葉を贈ろうかと考えました。

民間企業の社長から市議会議員に転じたあと、3期12年のうち7年間にわたり、私は各種委員会の常任委員長や議会改革のプロジェクトリーダー、市議会議長を務めました。その中で多くの市職員と接し、民間企業と市役所の違いを感じていたからです。

民間企業の活動の目的は、究極的には利益を上げることにあります。ですから競争原理のもとで、1人がほかの人よりも100歩抜きん出て、多くの利益を稼ぎ出すことを、民間企業は評価します。

これに対し、市役所の仕事の目的は、利益を上げることではありません。

市役所でも、高い能力をもつ人が大きな成果を上げるのは、歓迎すべきことです。ところが、100人のうち1人の職員だけが抜きん出て、99人が能力をあまり発揮できない。その結果、市民満足を高めることができない、市民の思いを形にできないとすれば、まちは変わりません。

その意味で、私は市役所では、1人の職員が100歩前に出る努力をすることより、100人の職員が1歩前に出ようと努力することのほうが大切だと思うのです。

1人ひとりが自分の気持ちを少し変えればいい。2000人の職員が1歩を踏み出せば、地鳴りが響くように組織が大きく変わる。その結果、どれだけ大きなことが実現するか、想像してみて下さいと、私は職員たちに話しました。

多くの人と関わりながら、理想のまちをつくる「幸せな仕事」

私は市長就任以来、市原市の職員たちと接する中で、数多くの対話を重ねてきました。

「皆さんは、市役所という『箱』の中では職員であっても、家に帰れば市民の1人です」

そんな話もよくします。

市の職員である前に、1人の市原市民として、市役所の中でも「行政サービスや市の政策はどうあるべきか」、「自分の住むまちはこうあってほしい」という、一市民としての発想をしてほしいのです。

本来、規制をするとか許認可を行うために市の職員がいるのではありません。市原市がよくなるために、市民の皆さんに満足していただくために、市役所があるのです。

「だから、自分たちが思い描くまち、理想とするまち、後世の人たちから『市原市はいいところだね』といってもらえるまちを、皆さんは給料をもらいながらつくることができるんです。こんな幸せな仕事は、ほかにないのではありませんか？」

職員たちには失礼かもしれませんが、多少のユーモアを交え、こんな話をするときもあります。

プロのまちづくりの集団とは、そんな意識をもつ人たちの集まりなのでしょう。

「自分も家に帰れば一市民」という視点を忘れず、1人ひとりがやるべきことは何かを自覚し仕事に取り組む。

職員1人ひとりがまちづくりにやりがいをもち、キラキラ輝きながら仕事をしている。

市原市役所には、そんな組織になってほしいのです。

市役所のあり方を根本から見直す

そうなると、市原市役所なり市内にある公共施設は、いったい何のためにあるのかということを、私たちはよく頭に入れておかなければなりません。

私は、たとえば市役所は市民のための施設だという認識をしっかりもつことが重要だと思います。市民の皆さんに、この市役所の庁舎は自分たちのものだと本当に思っていただかなければいけません。

だから、用事があって来庁する市民の皆さんが、不便に感じる庁舎であってはならない。市民の皆さんにとって快適なものでなければならない。

ハード面はもちろんですが、むしろソフト面のほうが重要です。

そこで私は市長就任後、老朽化していた市庁舎の耐震化を含む建て替え工事を実施するにあたり、かつて「白亜の御殿」と揶揄されていた華美な装飾などは一切なくし、市民にとっての利便性を最優先する方針を定めました。市庁舎は市民の財産だと考えるからです。

たとえば、２０１７年12月に竣工した市原市役所の第1庁舎(防災庁舎)は、市民にとっての利用のしやすさを最優先にしつつ、職員の働きやすさにも焦点をあてた建物です。

まずハード面の話をすると、市民課を始め、日常的な市民サービスの窓口機能が集約されている第1庁舎の1階に入り、フロアの明るさに驚く方もいます。

これは自然光をしっかり取り入れ、照明設備の使用をできる限りおさえながらも、十分な明るさを確保できるように設計されているためです。

市役所に来庁された方が、建物に入ったときにどう感じるかが大事です。窓口が薄暗い

市民が使いやすいようサービス業務の窓口が集約されている新庁舎

雰囲気のする市役所を、快適な場所だと思う市民は誰もいないでしょう。

また、ユニバーサルデザインにも力を入れています。誰にでもわかりやすい案内表示はもちろん、通路幅は車椅子で来庁する方のために十分な幅をもたせ、左半身まひおよび右半身まひのどちらにも対応できるように、各フロアに左右対称の多機能トイレを1カ所ずつ設置しています。

待合スペースには、脚力の弱った方でも座りやすい、座面の高い椅子も置いています。肢体不自由者の方も来庁するのですから、バリアフリーひとつをとっても、通路の段差をなくすぐらいでは不十分。利用者目線で考えることが大切です。

一方、ソフト面では、たとえば来庁者が何か困っているときに「どんなご用ですか？」とか「何かお困りですか？」と、こちらから声をかけられるように、窓口での接客サービス業務の民間委託を一部取り入れました。

もともと市役所の窓口業務を、民間の顧客サービスに近い水準まで高めたいと思っていたからです。来庁者が声をかけて下さる前に、こちらから声をかけて困り事に耳を傾ける。そういうおもてなしの心がこもった対応が、来庁者の満足につながるのです。

ハードの部分で、利用者目線で快適な空間をつくり上げたのですから、顧客サービスというソフト面でも連動させなければ意味がありません。

窓口での接客サービス業務を一部民間に委託した理由は、ほかにもあります。接客スタッフが顧客対応の前面に立つことで、煩雑で多岐にわたる作業をバックヤードでこなす、職員たちの仕事が円滑に進むようにするためです。

窓口対応とそれ以外の事務作業などを、すべて二分しようとまでは思っていません。市役所の仕事の中に、一部民間のやり方を導入することで、「生産性向上のために自分たちは何をすべきか」という、市職員の意識改革につなぐことが、私の本当に意図するところです。

市民はお客様であり、市役所の「株主」

ここでひとつ注意しなければならないことがあります。それは、市民満足を単なる顧客満足と考えてはならないということです。

市民は市民税を納めて下さっている「株主」であって、単なるお客様ではありません。市民にとって市役所とはどういう位置づけの存在なのかを、よく考える必要があります。

市民の皆さんには、何かしら課題や問題を抱えている人がいます。その中には、個人で解決できることもあれば、家族で解決できるものもあるでしょう。あるいは、町会や自治会のように、自分が住む地域の人たちと力を合わせて、解決できることもあります。

それでも解決できないことがあるとき、市民の皆さんは市役所に足を運ぶのです。

たとえば、課題を解決するための相談をしたり、必要な手続きや申請をする。また、何かの証明や書類を受け取るというように、自分たちが支払っている市民税の対価として、権利を行使しているのです。

その意味で、市民の皆さんではできない課題解決を、市の職員が肩代わりをしているともいえます。さらにいえば、市民の皆さんが、たとえば「市原市をもっとよいまちにしたい」という思いを市民税という形に換えて、市役所に託しているのです。

その対価として、私たちは市民の皆さんのために働いている。市民の皆さんの困り事を解決するためにあるのが市役所だという意識を、市の職員にはもってもらいたいのです。だから、お客様であり、株主である市民の皆さんに対して、ぞんざいな対応をするということがあってはならない。不満のない対応を心がけなければならない。

もっと突き詰めれば、市役所は市民のもち物である公共施設なのですから、何かの申請をするためだけに来る場所であっていいのだろうかと、私は思います。

そう考えると、市民の皆さんが待合時にうまく時間を使えるとか、有意義な時間を過ごせる市役所。究極的には、用事がなくても来たくなるような市役所でなければいけないと私は思うのです。

現在、老朽化の激しい第2庁舎についても建て替えの計画を進めていますが、その要となるのがまさにこの部分。子育て世代が気軽に足を運べるスペースを設けるなど、用事がなくても市役所に足を運んでもらえるような仕掛けを、設計段階からいくつか盛り込んでいます。

すでに、子育て世代の市民に、市役所に気軽に足を運んでもらうための試みは始まっています。たとえば、議会棟の地下1階に設置した「おやこでスペース」という施設がそのひとつです。

「おやこでスペース」では、市原市役所を始め、隣接する市民会館、国分寺公民館に来られた市民の皆さんが、手続きや相談などの用事をすませているあいだ、保育士の資格をもつ専門スタッフが、満1歳〜未就学のお子さんをお預かりしています（原則2時間以内、無料）。

また、とくに市役所などに用事がなくても、親子同伴であれば、玩具や授乳施設、トイレなどが整ったキッズスペースで、お子さんに遊んでいただくこともできます（受付時間内時間無制限）。絵本を読みながら、親子でゆっくり休憩できるスペースも設置しました。

「おやこでスペース」から、子ども福祉課などの関連部署にオンライン（Ｚｏｏｍ）で、子育ての相談をすることもできるようにしています。

「おやこでスペース」は、もともとは市役所職員の活躍を推進するために企画した施設です。私自身、市原市役所で「子連れ出勤が普通になる光景を見たい」とずっと思っていました。出産や子育てでいったん職場を離れた職員の中には、将来管理職を目指したいという人もいるでしょう。そうした職員たちが子育てをしながら働ける環境を整備し、活躍をサポートしたいと考えたのです。

「おやこでスペース」は、市原市役所を訪れる市民の皆さんにも、市職員にも利用されており、非常に好評です。市民の皆さんにとっても、職員にとっても安心して来庁できる場に、市原市役所は一歩一歩近づいています。

市政は運営するものではない。経営するものだ

こうした前例にとらわれない市政を行うにあたり、私は市長に就任して以来、行政運営

ではなく「行政経営」という言葉を一貫して使ってきました。

市政は単に運営するものではなく、経営するものだからです。お客様であり株主である、市民の皆さんの満足を創造するための行政経営なのです。

行政経営にはさまざまな要素が含まれています。民間のサービスのような顧客満足の向上もあれば、職員の仕事の効率化をはかり、生産性を向上させることも含まれます。

中でも、私が最も重要だと思うのは合理性の追求です。

先にも述べた通り、市役所の仕事は利益の追求を目的にしていません。民間企業は、自由競争の原則や社会的なルールのもとで、いかにお客様や社会の課題解決に役立ちながら利益を上げていくかが経営の指針になり、仕事の基準になります。

その一方で、市役所の仕事は、市民の皆さんからお預かりした税金を、市原市をよいまちにするために、いかに効果的に無駄なく使うかという合理性が、経営の指針であり仕事の基準になると思うのです。

そこで、まず立ちはだかってくるのが、単年度予算という壁です。

たとえば市内に、3年間で整備しなければならない道路が3路線あったとします。従来の行政運営の中では、3路線同時に工事を少しずつ進め、3年後に全路線の道路工事を完成させるという仕事のやり方をしていました。

ところが、1年間で途中まで進んだ工事を中断し、次年度に工事を再開するということを毎年繰り返すのは、とても非効率的です。

まず、各路線の工事の完成を待ち望んでいる市民の皆さんが、実際に道路を使えるようになるのが、3路線すべての工事が完成する3年後になってしまいます。また、途中で中断した工事の現場に養生を施し、管理する手間もコストも膨れ上がります。

普通に考えれば、1年目に1路線の整備を完成させ、2年目には次の路線、3年目には残りの路線を完成させれば、工事が終わった路線から市民が道路を使えるようになるし、無駄な手間もコストもかからないと思うでしょう。

ところが、従来は計画行政といって、「この事業は事業計画に載っているから実施する」、「計画に盛り込まれていない事業は実施しない」という仕事の進め方が、行政の当たり前でした。市民の利便性やコストはどうなのかという合理性にかかわらず、いったん決められた計画に沿ってすべての事業が進むのです。

さらに、毎年のように福祉や社会保障関連予算が膨らんでいく中で、土木部門の担当者にしてみれば、道路などのインフラ建設にかかる予算が削られるのではないか、次年度も予算を確保できるのか、という不安もありました。

ですから市民の要望に応え、3路線の道路整備を3年間で完成させるには、非効率ではあっても、3路線同時に手をつけて工事を行わざるを得なかったのです。

実行計画は毎年見直し、予算レビューは年に3回行う

そこで、こうした弊害をなくすため、大きな改革を行いました。

第1章で、市原市では今後10年を見据えたまちづくりの羅針盤となる市原市総合計画（変革と創造いちはらビジョン2026）を定めていると述べました。総合計画には都市像（夢つなぎ ひときらめく 未来創造都市 いちはら）と基本構想（人口27万人の維持と500万人の交流へ 誰もが住みやすく 活躍できる 魅力あふれるまちづくり）が記されており、それらを具体化するためのプランである実行計画を、私たちは3年ごとに定めています。

ところが、経済・社会情勢が急速に変化する中で、新たに対応しなければならないことが出てきても、あらかじめ定めた計画にしたがって事業を進めるだけでは、スピード感が足りません。そこで、その実行計画の見直しを毎年行い、経済・社会情勢や市民のニーズ、意識の変化に対応することを念頭に改革を進めています。

さらに、実行計画にしたがって編成される各年度の予算についても、春、夏、秋と年3回レビューを実施しています。

スプリングレビューでは、まず各部の部長からその年の経営方針を説明してもらいます。そのうえで、各部が作成した大まかな予算計画の中で議論が必要な事柄について話し合い、トップの判断に委ねる部分があれば私が判断を下します。

また、昨年度予算についての課題はこうで、今年度はそれをこう変えたいという事柄についても議論を行います。

次いでサマーレビューでは、スプリングレビューの段階でしっかり定まっていなかった計画を、より精緻化してもらったうえで議論を重ねます。

そして、オータムレビューで次年度の予算の方向性を定め、それを連動させて、実際の予算編成の作業に入るのです。

これが、市原市役所が実践している「改革と予算の連動」です。

予算について、年3回レビューを行うサイクルを設けているので、予算編成の時期に各部門の繁忙期が重なることがありません。何より、レビューのたびに議論を重ね、思いを共有しながら予算計画をブラッシュアップできることが、市原市が実践している「改革と予算の連動」の大きな特徴です。

各部の部長が議論を重ね、今後3年間の市政のかたちや各年度の予算の方向性について合意を形成しているので、具体的な計画を立案する各部の担当者にも安心感があります。先の道路整備の話にしても、今年度はこの路線、次年度はこの路線、3年目にはこの路線の工事ができるという見通しが立つので、より合理的な政策立案が可能になります。

なお、市原市では、年3回行われる予算レビューの模様を、希望する職員がオンラインで視聴できるようにしています。

公共事業のあり方も変えよう

また、合理的な行政経営を行うために、市が実施する入札のあり方も見直しました。

従来、公共施設や道路の建設を始めとする公共事業は、新年度予算が市議会で可決されたあと、年度が改まってから各事業が入札に上がってくるシステムになっていました。

そのため建設業界は、4月から6月までが、ほとんど仕事のない閑散期になり、実質的に7月から翌年3月末までの9カ月間で1年分の仕事を終えなければならなくなります。

そこで次年度以降、数年度にわたって実施する公共事業の計画を先に立てておき、今年度の予算編成で、各工事に必要な経費を継続費として計上。それにより、翌年4月になった時点で速やかに工事に入れる仕組みに変えました。

この措置は、建設業界を始め、公共事業を請け負っていただく業者の皆さんから非常に喜ばれました。業者の皆さんにしてみれば、1年12カ月分の仕事を9カ月で終えるのか、12カ月で終えるのかということは、各案件への人員配置をとっても大きな問題だからです。

行政がやり方をひとつ変えるだけで、工事を請け負っていただく民間事業者の皆さんも、合理的に仕事を進めることができるようになるのです。

なぜそうしてまで、従来の入札の慣行を変えなければならなかったのか。

それは、市内の事業者の皆さんが、安定的に事業を継続し、質の高い公共工事を行っていただけるようにするためです。行政には、まちを支える重要なインフラなどの公共工事を手がける市内の事業者を、育成する責務もあるのです。

大きな災害が起こったら、倒れた樹木1本を撤去するにも、建設業を始めとする市内の事業者の協力を仰がなければ、復旧活動すらできません。

ところが行政が、これまで市内の事業者を育成する責任をきちんと果たしてきたのか、非常に疑問です。建設業を始めとする市内の事業者も、「市民」なのです。

実際、かつて「コスト削減」のかけ声のもとで、公共事業においても「とにかく値段が安くなければならない」といわれた時代が長く続きました。そうした中で、過去には入札価格のダンピングも横行したようです。

その結果、市内の事業者は利益の薄い、あるいはほとんど利益の出ない低価格で応札しなければならなくなり、疲弊していきました。中堅・中小事業者が深刻な経営状況に陥り、建設業であるにもかかわらず、重機すら保有できなくなってしまったケースもあったのです。

その結果、最も不利益をこうむるのは市民です。

安い価格で工事を請け負ってくれたとしても、完成した公共施設なり工事の品質は果たしてどうなのか。そこをしっかり見なければなりません。

加えて、先にも述べたように、自然災害などが起こった場合、私たちは市内の事業者を最も頼りにしなければならないのです。となると、市内の事業者にしっかり力をつけてもらったうえで、市原市が実施する公共事業に参画していただくことが不可欠です。

私は、市内の事業者の皆さんと公共事業の話をさせていただくときには、「利益をしっかりと確保できる仕事にしましょう」と伝えます。

これは、わざと高い値段の工事を発注し、その業界に利益を誘導するためではありません。公共事業を落札した事業者が、適正な利益を上げて会社の経営を継続することができなければ、公共事業自体が立ちゆかなくなるのは自明の理です。

事業者が品質の高い工事を行い、きちんと利益を上げたあと、その利益の然るべき部分を、税金として還元してくれればいいのです。

「価格が安ければ何でもいい」と目先の利益にこだわることは、合理的な行政経営とはいえません。

もちろん適正利益の範囲内でなければいけませんが、民間企業にしてみれば、品質の高い工事を行うにしても、市内で起きた災害などの復旧・復興を行うにしても、その原資はすべて利益なのです。

行政に携わる私たちは、こうした社会の現実をしっかり見据えたうえで、市民の利益のために何をすべきかを、よく考えなければなりません。

必要な事業をやるべきときにやる。計画行政をいい訳にしない

先にも述べた通り、「この事業は事業計画に載っているから実施する」、「計画に盛り込まれていない事業は実施しない」という仕事のやり方が、これまでの行政の当たり前でした。

ところが計画行政の中で、たとえば次の3年間でこれをやろうと決めても、それを実行するときには、すでに時代遅れになっていることも山ほどあるのです。

市原市では、3年ごとに定める実行計画を毎年見直しているとはいえ、その時々にどうしても対応が必要な事柄は出てくるものです。これだけ時代の流れが速くなっている今、必要な施策を必要なときに実行するという機敏な対応が、ますます求められています。

「計画行政だから」という言い訳は、もう通用しません。

たとえ事業計画に載っていない案件であっても、本当に必要なことなら、補正予算を組んででもすぐにやる。これが、前例にとらわれない行政経営において最も大事なことであり、リーダーの覚悟でもあるのです。

その典型が、「市原市立小中学校空調設備導入プロジェクト」。市原市の市立小中学校63校の950教室に、わずか1年間で空調設備を導入しようという、市原市政始まって以来のスピード感をもって行われた事業です。

2018(平成30)年7月に愛知県豊田市で、小学1年生の児童が校外学習中に熱中症で死亡するという、痛ましい出来事がありました。また折からの記録的な猛暑が続く中、保護者などから強い要望を受けて、私は市内小中学校の空調設備の整備を前倒しで行うことを決断したのです。

気候変動がこれだけ激しさを増し、酷暑の時期が昔では考えられないほど前倒しになりました。そんな中でも、子どもたちの未来のために、できる限り快適な環境で勉強させてあげたい。だからこそ、この事業にはしっかり取り組んでいこうという思いがありました。

翌年6月末には可能な限り多くの教室でエアコンが使えるようにし、8月末までに整備を完了させるというのが、このプロジェクトの目標です。

設計事務所と工事業者と別々に契約を行う、通常の設計施工分離方式では工期に間に合わない可能性がありましたが、設計施工一括発注で工期が短縮できる見通しが立ちました。

また予算措置についても、あらかじめ目算は立てていました。

当時の市原市の決算見込みを見ながら、「財政調整基金をこれだけ積み増しすれば、空調設備の整備にかかる費用は工面できる」という計算があったのです。

2018年9月14日に開催された市議会定例会で、私はこの事業への理解を求めましたが、反対する議員は誰もいません。議会での可決を経て、継続事業費として32億7300

万円を、無事に9月補正予算に計上することができたのです。

　これも市政始まって以来の出来事でした。

　そこから、プロジェクトは次の段階に一気に移ります。9月20日に同プロジェクトの公募型プロポーザルが公告され、10月に技術提案を受けつけ、審査および議会の議決を経て、市内の管工事組合と電業組合によって初めて結成されたＪＶに仕事を受けていただいたこともあり、作業は順調に進みました。

　ＪＶの傘下には、各組合の会員企業である市内の事業者が名を連ねています。これだけ大規模なプロジェクトに参画し、自社の近くにある小中学校の空調設備工事を受けもつことを、各社は非常に意気に感じて下さいました。

　当初の目算通り、設計から設置工事までを２０１８年度の冬休みや春休みもかけて行い、とくに優先的に工事を進めてきた普通教室のうち、小学校は２０１９年6月中、中学校は7月初旬にエアコンが使用できるようになったのです。

　これはまったくの偶然ですが、その頃、新型コロナウイルス感染症が全国的に蔓延し、市原市内の公立学校でも休校が相次ぎました。その影響で夏休みが短縮され、子どもたちは猛暑の中で学校に通い、授業を受けることになったのです。

同プロジェクトを通じて、市内小中学校への空調設備を前倒しで導入していたので、夏休みの短縮に対応することができました。

これも、決断が早かったからできたことだと思います。夏休みが短縮され、授業が始まる前に空調設備の導入は終わっていました。

コロナ禍をきっかけに、学校への空調設備の導入が国の補助金でできるようになったのですが、同プロジェクトに国の補助金が適用されるのを待っていたら、機器の設置はとても間に合わなかったことでしょう。

スピードは、対話と情報の共有によってつくられる

こうした出来事もふまえ、私は市の職員たちに「改革のテーマはスピード」だとよく話します。

先にも述べた通り、民間企業と行政で最も異なるのはスピード感であり、これについて

も、私たちは力を入れて改革に取り組んできたところです。

当初、私は市役所の仕事の流れを見ていて、書類上のやり取りに時間を取られ、職員同士の対話があまり行われていないような気がしました。

たとえば、担当者から書類が係長に上がってくると、係長はその書類に対する所見を書いて、課長に上げるのです。そしてその書類は、課長から次長、部長に回っていくことになります。

こうした書類のやり取りに時間がかかり、案件がなかなか動かないのです。

私は、書類のやり取りよりも対話のほうがもっと重要ではないかと思いました。部内できちんと対話が行われ、情報が共有されていれば、いちいち書類でのやり取りの経緯を追わなくても、決裁者は意思決定が可能です。

一例を挙げると、市原市役所では、必要な施策について課長級会議で議論を重ねたあと、次長級会議を経て、各部の部長と私とのあいだで政策会議を行い、最終的な意思決定を行っています。

その中で私は、とくに「中二階」といわれる次長級の人材が大事だと思うのです。

次長職とは本来、部長を補佐する役割であると同時に、課長以下の部下たちを取りまとめていく役割も担っています。

ですから本来であれば、必要な施策についても、次長級会議の中ですべてのすり合わせができていなければなりません。

ところが、次長たちのあいだですり合わせや情報共有がうまくできていないと、施策の意図や意義、それによって見込める成果などが部長たちにうまく伝わりません。施策を実施するうえでの課題や問題点もよく整理されていないので、部長級会議で正しい判断を素早く下すことができなくなります。

私がとくに、「次長級会議ではしっかり情報共有をして下さい」と伝えているのはそのためです。

次長クラスの職員が、部門の垣根を越えてしっかり情報を共有し、自分たちが進めたいと考える施策について深く理解し、論点をきちんと整理することができている。

そういう体制が整って初めて、組織としての意思決定のスピードが高まっていくのです。

施策をパッケージにして、最初から「横串」を通せばいい

縦割り組織の弊害をなくすことも、市原市役所が進める改革の大きな柱。そのひとつの試みとして、私たちが取り組んでいるのが「施策パッケージ」の実践です。

ある大きな目的を達成するために必要な、さまざまな施策をひとつのパッケージにして、各担当部が組織横断的に関わり、それぞれ責任をもって対応するというやり方です。

さまざまな施策をパッケージ化し、それをひとつの「まちづくりストーリー」として提案することにより、個々の施策の存在感が高まり、市民にとってわかりやすいものになる。また、施策の連携による相乗効果も期待できます。これが施策パッケージの効果です。

たとえば第1章で、私たちが実現を目指す「2026年のいちはらの姿」を紹介しました。その中にある「施策1」は、「産業と交流の好循環が新たな価値を創るまちへ【産業経済・交流】」というものです。

この施策1は、「働きたくなるまち」（臨海部工業の競争力強化、中小企業の経営力向上、雇用機会の拡大、ビジネス機会の創出）と、「新たな魅力を創出するまち」（農林業の活力

向上、地域資源を活用した観光まちづくり）という施策をパッケージ化したものです。

このように、互いに関係する施策をひとつの施策パッケージとして整理することで、「働きたくなるまち」をどうやって実現するのかというストーリーが見えてきます。私たちが施策パッケージを「まちづくりストーリー」と位置づけているのはそのためです。

また先に述べた通り、互いに関連する施策の連携による相乗効果にも大いに期待しています。たとえば「地域資源を活用した観光まちづくり」と「ビジネス機会の創出」という施策を単独で行うのではなく、お互いに連携させながら実施することで、より大きな波及効果が見込めるはずです。

この施策パッケージは、縦割り組織の弊害を打破することにも、大いに役立っています。市原市には数多くの施策パッケージの事例がありますが、ここでは仮に、「どんなまちをつくるのか」という課題を例にして考えてみましょう。

当然ながら、まちのソフトの部分をどうするのかという視点で企画を提案する部門もあれば、都市戦略を企画立案する部門もあります。さらに、まちづくりの中には、たとえば都市下水をどうするのかといったインフラ構築も含まれます。

まちのソフトの部分、都市戦略、都市下水を、それぞれバラバラに考えて計画を進めたら、自分たちが理想とするまちづくりには、おそらくたどりつけません。

ところが逆に、「こんなまちをつくりたい」という目的を明確にしたうえで、施策を考えていくと、「ここがこうなるには、こうしなければならない」、「そのためにはこういう取り組みが必要だ」というように、目的を達成するために行うべき政策展開の道筋が見えてきます。

だから、「こんなまちをつくりたい」という目的から逆算し、そのためには何をどうするべきか。その中で、自分が所属する部門は何を求められているのかということを、部門を越えて、きちんと議論できているかどうかが大切なのです。

これが、横串を通すということです。私は、横串を通す段階での議論が最も大事だと思います。各部門からバラバラに上がってきた提案を、あとですり合わせようとするから、しがらみや労力が大きくなり、余計に時間がかかってしまうのです。

だから、最初に目的を明確化したうえで、その達成のために必要な関連施策をパッケージ化し、「こう展開していこう」という議論を、部門を越えて活発に行う。それができれば、各部門の職員が自分たちの役割を自覚し、「自分たちはここに対して責任をもつから、あなたの部門ではここの部分に責任をもって取り組んで下さい」という合意が生まれます。

このように、横串をきちんと通した施策展開ができるようになることが、施策パッケージの大きな利点。市原市では、この施策パッケージを最大限に活用し、「夢つなぎ ひときらめく 未来創造都市 いちはら」という理想の都市像の実現を目指しています。

リーダーとしての覚悟

私は市原市長として、常に自分自身を戒めていることがあります。

それは、市民の代表としてのプライドと、個人としてのプライドをはき違えないということです。

選挙で選ばれ、市民の代表としての立場をいただいているのですから、市民の皆さんのために仕事をするのは当たり前。その意味で、市長というプライドはもっていますが、小出譲治としてのプライドは、自分にはありません。

市民の皆さんと距離はつくりたくはありませんし、市職員たちとはもっと、距離をつくりたくありません。自分は特別な人間ではないのです。

そこで私は、市の職員に、よくこんな話をしています。

「私と皆さんは、上司と部下の関係ではありません。もちろん私は市長という立場で、皆さんには部長や課長といった職員としての立場があります。でもその立場を越えて、市原市をよいまちにしていくための同志だと思ってほしい」

私は市の職員に対し、上からいきなり命令して仕事をさせるつもりはありません。ときには大胆な発想をして、職員を驚かせることもあるでしょう。でも、その大胆なアイデアをもち帰ってもらい、実現の可能性について十分議論を尽くしたうえで、政策として形にしていくというやり方を守っています。

私がふと思いついたことを、「これはこうだから、なんとかしなさい」と、無理矢理やらせるようないい方をしたことはありません。

また基本的に、職員たちを叱ったりすることも、ほとんどありません。ただし職員が、自分の直面している問題や議論に背中を向けて逃げている、あるいは本気が感じられない様子は一目見ただけでわかるので、それについては厳しく指摘します。

「私は市長としての覚悟をもって仕事をしています。部長は部長の覚悟をもって、課長は課長の覚悟をもって仕事をしてほしい。それが組織というものでしょう」と。

この覚悟が、本章でのちに紹介する市原市役所の組織ビジョンに定めた、「プロ集団」を支えるのです。

当然ながら、「すべての責任は、市長である私がもつ」ということは、職員に繰り返し伝えています。

市長としての覚悟という意味で、まず第1に思い浮かぶのは「逃げない」という言葉。先にも話した通り、何かあったらすべて自分が責任を取る。悪いと思ったことは素直に謝る。あとは、人任せにしない。

もっと職員に仕事を任せればいいのにと反省することもありますが、職員に仕事を丸投げしようとは思いません。議論を尽くしたうえで、最終的に決定した事柄に対しても、私がすべて責任を負うという覚悟はしています。

すべての責任は自分が取るという意味ではトップダウンという言葉も使います。ただし、実質的にトップダウンではあっても、職員にあまりそう思わせないことが大切で、「これは、こうだったらいいと思うけれど、どうだろうか？」というように、私は言葉ひとつにも気を配っています。

職員たちはみな優秀ですから、アイデアが実際に形になるかどうかという可能性も含めて、いうべきことをきちんと話してくれるような文化も定着してきました。

たとえ思いつきに近いことであっても、私がそれを職員たちに話すことに、意義はあると思います。

当然ながら、民間企業の経営者だった私と同じ発想の職員はいません。立場も、考え方も違います。でも私の民間人ならではの発想が、「こんな見方もあるのか」、「こんな考え方もできるのか」というように、職員がさまざまな気づきを得るヒントになれば幸いです。

職場の「やらされ感」を取り除く鍵——仕事の「自分事化」

たとえば先日、新たな部門に配属され、前任者から仕事を引き継いだばかりのある職員に、こんな話をしました。

「仕事は楽しくやるものです。楽しい仕事というものは、本当はこの世にないのかもしれません。でも、これは楽しい仕事だと思うか、苦痛だと思うかは自分次第。自分に与えられた任務として、その仕事をどうしてもやらなければならないのなら、それが苦痛だと思ってやるのか、やりがいだと思って楽しく取り組むのかによって、後々の成果は大きく変わると思います」

その職員も「そうですよね」と頷いて、私の話を聞いてくれました。

職員が新たな部署に異動してまもない頃は、前任者から引き継ぎをして、今動いている仕事をとにかくこなさなければならないという発想に、どうしてもなってしまうもの。

でも、自分自身の仕事への向き合い方をよく考えたうえで、その仕事に自分の思いを、もっと注ぎ込んでいいのです。それが、楽しく、やりがいをもって仕事に取り組むための第一歩になります。

任務として与えられた仕事に、自分の思いをどう注ぎ込んだらいいのかと思う人も多いでしょう。でも、組織の中で働く人たちは、こうした仕事に対する「適応力」を意識して身につけなければいけません。

仕事を選ぶことができない組織人である以上、自分の意識を変えない限り進歩はないからです。

とはいえ、自分の意識を変えることも一筋縄ではいきません。

でも、どんなに優秀な人であろうと、時間は平等に24時間しか与えられていないのです。その限られた時間の中で、自分が変わり、その仕事にやりがいを見いだして本気で取り組めるのか。あるいは「仕方がない」という「やらされ感」の中で仕事をし続けるのかというのは、大きな違いです。

優秀な人材である職員1人ひとりに、今自分が担当している仕事で大きな成果を上げてもらいたい。そのために自分の意識を変え、仕事に前向きに取り組んでほしいのです。

だからこそリーダーは、縦割り組織の弊害だけでなく、この「やらされ感」も一掃しなければなりません。

部下の「やらされ感」を取り除く鍵は、要は仕事を「自分事化」することにあるのです。今、自分がしていることは「仕事」だという見方をすると、自分が入りません。ひいては、「夢つなぎ ひときらめく 未来創造都市 いちはら」という、市原市総合計画に掲げた都市像も、「過去の先輩たちがつくり上げた都市像」なり政策、事業だという発想になってしまいます。

これでは当事者意識がもてません。だから、市政の経営に携わる職員1人ひとりが、「自分にとって『夢つなぎ』とは何か」、「自分なら、どんなときに人がきらめいていると思うか」、「自分は将来、市原市がどんなまちになってほしいと思うか」というように、自分を入れて考えていくのです。

今手がけている仕事の中に自分を当てはめ、「自分がこの行政サービスの利用者だったらどう思うか」と考えていく、そうすれば、「もっとこのように変わっていったほうがいい」と、仕事を自分事としてとらえられるようになります。

仕事を自分事化することができれば、「やらされ感」は一掃されるのです。

「内発的動機づけ」を高めるために、まず目的を明確化する

やらされ感は、職員たちを疲弊させ、仕事に自分の思いを注ぎ込む前向きさを失わせてしまいます。

人間とは不思議なもので、自分が好きなことや興味・関心があることなら、疲れを知らず、活き活きと仕事に取り組むことができます。そこで、このやらされ感を一掃するひとつの方法として、自分事化について先に述べました。

やらされ感を一掃する方法として、「仕事を無理矢理させられる」という強制感をなくすことも大切です。

たとえば、これから始める新事業を職員に担当してもらうとき、私ならまず事業の目的はこう、この事業をやるために、これをこうするという仕事の大枠について説明し、その段階で担当者としっかり意見を交換したうえで、疑問にも答えます。

その段階で私がとくに意識しているのが、承認です。

たとえば担当者が発した率直な疑問に対し、「そこまでよく考えてくれたね」というひ

とことを添え、わからないことや納得できないところをうやむやにせず、質問してくれたことを褒めるのです。

人なら誰しももっている「他人から認められたい」という承認欲求を満たすことは、やらされ感をなくすうえでも非常に重要です。

もうひとつ心がけているのは、内発的動機づけを高めること。

内発的動機づけを高めるうえでも、まず事業や仕事の目的を明確化することが大事だと、私は思います。山の頂上に登るのにさまざまなルートがあるように、事業や仕事の目的を達成するには、さまざまな角度からのアプローチがあるはずです。

それを職員1人ひとりが内発的に、自由に発想するようになるためにこそ、動機づけが大切なのです。

逆に、目的が明確でなければゴールがわからず、どのルートを進めばいいのかという道筋も見えません。目的がなければ目標もなく、目標がなければ課題も見えません。だからまず目的を明確にし、それを職員にきちんと伝えることが大事です。

それができれば、職員が誰にいわれなくても自ら考え、仕事を自分事化して前向きに取り組んでくれるでしょう。

ある意味、仕事の目的を理解して、それを自分事ととらえ、「いや、自分はこうしたほうがいいと思う」という発想に変わっていくプロセスが、内発的動機づけなのかもしれません。

あとは、実際に仕事を進める中で、相談や事業の方向性などについて意見を聞きに来てくれた職員たちを、迷わせないことが大事です。

人間に迷いはつきものですが、私は相談を受けたことに対しては、あえて即断することを心がけています。判断や意思決定は、きわめて短時間のうちに行います。

私自身が迷っている姿を見せたら、職員はもっと迷ってしまうからです。

もちろん前置きとして、「私の判断がすべて正しいわけではない。間違っていると思ったら、それは違うといってほしい」ということは伝えます。

事前にできるだけ情報を入れてほしいと、担当者に依頼はしていますが、案件によっては少ない情報の中で判断しなければならないこともあります。

行政のトップである私自身は、なかなかほかに相談することができません。孤独を感じるときもありますが、覚悟をもって意思決定を行っています。

同じ時間を共に過ごすこと、行動で示すことを忘れない

私がこれまで組織のリーダーとして心がけてきたことについて、もう少し話を進めたいと思います。

リーダーは意識して、部下と同じ時間を共に過ごすこと、言葉だけでなく行動で示すことを心がけなければいけません。

たとえば、先の「おやこでスペース」の内装の一部は、若手職員と私がＤＩＹで手がけたものです。

「おやこでスペース」は、議会棟の地下1階に設置した施設です。ところがこの先、現在の議会棟を解体し庁舎を新設することになった場合、現在の議会棟に新たな設備をつくるのは、二重投資になるのではないかと指摘される可能性がありました。

でも「おやこでスペース」は、子育て世代の市民の皆さんや職員に安心して市役所に来

庁してもらうには、ぜひとも必要な施設です。

そこで設置費用を最小限のものにするため、私と同じくＤＩＹが趣味の若手職員と一緒に、終業後に一部の内装作業を行いました。

たとえば、建物が古くなって汚れた壁にペンキを塗り直したのも私たち。ペンキを塗ってはいけない部分に、若手職員がマスキングテープを貼っているのを見て、「これだとペンキがはみ出すから」といってテープをはがし、私が貼り直したこともありました。

また電動のこぎりで板材を切り、升状に組んで、室内に小上がりもつくりました。

1日の仕事を終えた夜の作業ではありましたが、こうやって手づくりで「おやこでスペース」の内装を仕上げたことを、その職員も大変意気に感じてくれました。

一緒に作業をする中で、その若手職員は「そもそも何のためにこんな作業をするのか」、『おやこでスペース』という施設がなぜ必要なのか」ということを、自分事として理解してくれたと思います。

私がこういう作業も率先して行っているのは、職員たちと距離をつくりたくないという思いがあるからです。

たとえば、コロナ禍になってからは開催できていませんが、若手職員たちと居酒屋などでお酒を飲みながら思いを語り合う、「濃い目塾」という勉強会を定期的に開いています。べつに小難しい話をするわけではありません。どの部の誰といった肩書は一切関係なく、意見のやり取りができる場として、自然発生的にスタートした集まりです。

「今、まちづくりについてこんなことを考えているんだが、みんなはどう思う?」と聞くと、その話題に興味関心のある職員が寄ってきて、「こうあったらいいと思うんですよね」と意見をいってくれる、いい会です。

これは私が市議会議員当時から行っている勉強会で、最初は「小出塾」という名前でした。ところが、私が「ハイボールは濃い目で」といっているうちに、「いちはら濃い目塾」と呼ばれるようになったのです。

塾生証も発行し、いろいろなところから言葉を寄せ集めた「十戒」もつくり、面白おかしくやっています。

「いちはら濃い目塾　十戒」

1 肩書なしでも尊敬される人間になれ
2 常に健康チェックし、身体を鍛え、気力を充実させよ
3 うちにこもらず、広い世界に飛び出し、人脈を広げよ
4 仕事以外にプラスワンで社会貢献活動をせよ
5 現場主義で改革・改善を心がけ、常に一歩前進せよ
6 公務員の最終ミッションを忘れるな
7 理屈ばかりこねず、まずは実践せよ
8 権限を振りまわさず、いつも謙虚に行動せよ
9 仕事から逃げず、自分の責任を果たせ
10 上司にこびず、正しいと思うことをやり抜け

財政と人事をしっかり掌握すること

組織のトップは、財政と人事を掌握しなければいけません。

まずは、中長期的な市の財政状況を、常に頭に入れておくこと。人事についても、どの年代にどんな人材がいるかをしっかりおさえておくこと。この両輪がなければ、行政経営はうまくいきません。

とくに、組織の人事は難しいものです。「企業は人なり」といわれるのと同様に、「市役所も人なり」だと私は思います。

民間企業では、たとえば営業職として入社した人が、ずっと営業畑を歩むということはよくあります。ところが市役所では、職員が行政全般の幅広い業務をトータルに経験する必要があるため、一定期間でジョブローテーションを回しているという事情があります。

その意味で、私も人事異動のシーズンには、適切な人事評価を行い、適所に適材を送ることがいかに難しいかを感じたこともあります。

適材がいれば、適所に配置すればいいのですが、必要なときに適材がいるかということが、大きな問題なのです。

市役所の人事は、総務部の人事課によって、一定のルールのもとで行われています。人事課がもっている、職員1人ひとりに対する評価に加え、対象となる職員の上司による評価。さらに、私自身が本人と接して肌で感じてきた評価なども突き合わせ、いろいろなやり取りを経て、人材の配置が行われるのです。

学歴や経験などによらず、本人の人としての能力をどう活かすかということが、人事の難しさであり、楽しさでもあります。

学歴や経験などによらない、本人の能力を本当に活かすために、普通では考えられないドラスティックな人事を行ったこともありました。

土木関係技術職の職員を、教育委員会の次長に任命したのです。

教育分野に精通しているかどうかではなく、本人がもつ高い突破力と、卓越した人間関係構築能力に注目した、前代未聞の人事でした。

実は、その職員は市長部局から離れ、教育委員会に異動になったことで非常に落ち込んでいました。そこで私は、その職員に市長室に来てもらい、今回の人事異動の目的を説明したのです。

「今、教育委員会の中でも改革しなければならないことが山積しています。具体的に進めなければならない仕事があるけれど、あなたのバイタリティーがなければ、とてもできない」

私の説明を聞いて、その職員は異動の目的を理解し、自分の役割を自覚してくれました。そして、「頑張ります」と笑顔で話し、部署に戻っていったのです。

当時の教育長は、「そこまでやりますか」と驚いていましたが、その職員は見事に期待に応えてくれました。

教員出身者の多い教育委員会の中で、優れた人間関係構築能力を発揮し、お互いに心を許して話ができる関係をつくり、難しい仕事を前に進めていったのです。まったくの畑違いではありましたが、まさに適所に適材を配置できた人事でした。

その職員は、1年の在任期間のあいだに、教育委員会の改革という仕事に大きく貢献し、翌年は部長職に昇格したのです。

市原市役所の組織ビジョンと経営理念、行動指針をつくる

こうした改革がひとつひとつ進んでいく中で、イノベーション宣言を受けて、「まちづくりのスタートアップ・プロジェクト」、「ひとづくりのスタートアップ・プロジェクト」に加え、「未来創造経営力強化プロジェクト」が始まったことは第1章で述べた通りです。

その中の「未来創造経営力強化プログラム」は、

「市の経営理念、職員の行動指針を明確化し、全職員への共感・浸透をはかることで、組織のあるべき姿とビジョンを共有し、職員の意識を高め、職員1人ひとりが主体的に改革や改善に取り組む内発的動機づけにつながる仕組みを構築する」

ために行われた事業です。

これにより、市原市の組織ビジョンと経営理念、行動指針が2021年8月に定められました（左掲の市役所ポスター参照）。

1年かけて職員のボトムアップでつくりあげた組織ビジョン、経営理念、行動指針

これまで述べてきた通り、行政とは縦割りの組織です。その中で、自分が所属する部署で一生懸命に仕事をしているのが、公務員だと私は思います。

ところが、縦割り組織の中で仕事をしているうちに、自分に与えられた仕事をこなすことが、自分の使命だと思うようになりがちです。

だから、本当に大事な使命とは何かを忘れないでもらいたい。

そんな思いで、組織ビジョンと経営理念、行動指針を定めました。

また、各職員がジョブローテーションを通じてさまざまな部門で経験を積む中で、仕事が変わったから思いが変わる、ということではいけません。「自分たちは何のために市原市役所で仕事をしているのか」という存在意義を忘れないでほしいと、私は常日頃から思っていました。

たとえば自分が土木部にいようと保健福祉部にいようと、市原市民のために自分たちがいるということを、しっかりと胸に刻み込んでもらいたい。

その意味で、全職員が思いを共有し、一体感や連帯感をもつための組織ビジョンであり、経営理念であり、行動指針なのです。

これらは単に、市長である私の思いを伝え、共有するだけのものではありません。これから何十年が経っても、市原市が存続・発展していくためのビジョンや理念を明確に示すものであるべきです。

市役所は「何のための」プロ集団でなければならないか

市原市役所の組織ビジョン「みんなの未来へ〝しんか〟し続けるプロ集団」は、「みんなの未来」、「〝しんか〟」、「プロ集団」という3つのキーワードから成り立っています。

「みんなの未来」とは、市原市民や市内に立地している企業を含め、市原市に関わるあらゆる人々が思い描く未来です。市民の思い、企業の思いを含めて、あらゆる人々との「対話と連携」を進めて「みんなの未来」を実現し、誇りのもてるまちをつくる。これが、市原市職員の使命です。

「〝しんか〟」は、進化に加え、深化や新しいことに挑戦することで生まれる新化という意味ももっています。進化だけでなく、深化、新化など、職員1人ひとりが、その場面に応じて、常に〝しんか〟を意識してもらいたいと思い、「〝しんか〟」という表現を採用しました。

まちが停滞してはいけません。停止してしまうのはもっと駄目です。私たちは未来をつくっていかなければなりません。そのための〝しんか〟です。

また、市原市役所の職員は、1人ひとりがプロでなければいけません。

それは、まちづくりのプロであり、市民の困り事への対応もプロ。市役所には、さまざまな部門で多くの仕事がありますが、市原市役所は、市民のために仕事をし、市民の思いを実現するためのプロ集団であってほしい。

これまでは、市民の皆さんが求めることにひとつひとつ応えていればいいという、対症療法的な仕事でもよかったかもしれません。ところが、これだけ時代の変化が激しい今、市民の皆さんの「思いの先」まで読み取り、行動することが求められています。

だから1人ひとりの職員がアンテナを高く張り巡らせ、さまざまな情報を頭に入れ、そのなかで〝しんか〟し続けていく。ある瞬間だけプロであるのではなく、〝しんか〟を継続していける人こそ、本物のプロなのです。

市原市役所は、そんなプロの仕事を、自信をもってできる職員が集まるプロ集団にならなければいけません。

常に市民が真ん中にいる――クレドは心のよりどころ

私たちは、「いちはら愛を真ん中に」を経営理念に定めました。

あえて「いちはら」と平仮名で記しているのは、理由があります。漢字で書く「市原」は、場所という印象を与えます。これに対し「いちはら」は、場所や土地、あるいは建物だけを表しているのではありません。ハードもソフトも含む広い意味において、約28万市民が暮らすまちという意味で、「いちはら」と表現しているのです。

「いちはら愛を真ん中に」というのは、わりと腹に落ちるフレーズではないでしょうか。

まちづくりを手がけるうえで、まず自分たちが住むまちに対する愛情がなければ、「よりよいまちをつくろう」という発想も浮かびません。市外に住む職員たちにも、「いちはら」を好きになり、市原市に対する愛情を真ん中に置いて仕事をしてもらいたいのです。

「いちはら愛」を真ん中に置けば、何があってもぶれずに、自信をもって仕事をすることができるはずです。

ところが、「市民のための仕事をする」という強い自覚をもつプロであっても、毎日の業務に追われる中で、こうしたビジョンや理念が見えなくなることがあるものです。

そこで全職員に、組織ビジョン、経営理念、行動規範が記されているクレドを常に携帯してもらっています。

また、職員たちが出勤し、パソコンを起動させると、クレドが朝一番に表示されるようにもしています。そこまで徹底しようということです。

部門によっては、週に1度の朝礼を、クレドを使って行っているところもありますが、これは強制的なものではなく、あくまで判断は各部門に任されています。

市原市役所では、ほぼ全員が名札の裏にクレドを入れています。私自身は、名刺入れの中にクレドを入れ、折にふれて読み返しています。

そこに、具体的なアドバイスが書いてあるわけではありません。本当に悩んだときに、これをよりどころにして、原点に立ち返るためのツールだと私は思っています。

切り捨てる改革、痛みをともなう改革で本当にいいのか？

ここまで、私たちが今進めている「変革と創造」について、主に市原市役所における組織改革にどう取り組んできたかについて述べました。

結局のところ、私たちは「変革と創造」という言葉に寄せて、聞こえがいいことや目立つこと、奇をてらったことをやりたいのではありません。今までよしとされてきたことが、本当にそれでいいのかどうかをきちんと見直し、あるべき姿に変えていくことが、私たちが今取り組んでいる「変革と創造」なのです。

その中で、私が一貫して心がけてきたのは、改革はＷｉｎ－Ｗｉｎでなければいけないということです。

改革を進めるのに、反対の声を押し切るとか、誰かが勝って誰かが負けるという構造のもとで、痛みをともなう改革を進めることが本当によいことなのでしょうか。お互いＷｉｎ－Ｗｉｎで、共存共栄するための改革であるべきであるはずです。

市民が求めているのは、切り捨てる改革ではありません。

そんな思いから、年に3回の予算レビューでも、従来の「スクラップ・アンド・ビルド」という発想をやめて、「ビルド・アンド・スクラップ」という視点で事業を見直すように仕事のやり方を改めました。

もちろん、予算レビューのうえでスクラップは非常に大切で、新たに何をやるのかだけでなく、重複したり効率の悪い事業をやめることも、職員にしっかり意識してもらわなければなりません。

ただし、その入口が問題です。予算レビューがスクラップから始まると、負の部分にばかり目が行き、後ろ向きな発想になることが多いのです。

「スクラップをするために何をしなければならないか」と考えれば、発想が萎縮します。だから、ビルドの部分をきちんと想定しながら、スクラップをしていくことが重要なのです。「ビルドをするために、スクラップも含めて何をすべきか」と考えれば、発想が萎縮せず、前向きな提案を行うことができます。

そして今度は、類似事業をスクラップしていくうえで重要になるのは、組織全体に横串が通っていることです。

従来型の縦割り組織では、さまざまな部門に点在する類似事業を洗い出すことができません。部門の垣根を越えて、職員たちが対話と情報共有を行う仕組みがあれば、たとえば所管の異なる農業祭と園芸祭りが似通っているのではないか、農業祭と園芸祭りを一緒にしてリニューアル開催できないか、といった提案ができます。年間2回開催されていた類似事業を、それぞれ1回に減らすことも検討の余地があります。

ただし、そこで重要なのは、スクラップのためのスクラップではなく、ある明確な目的のもとで、新たにビルドをしていくためのスクラップであるということです。スクラップすること自体が目的なのではありません。

よくありがちな、理由は一切問わずに、予算を一律で何%カットするというやり方ではいけません。市原市役所でも、まちづくりでお金をかけるべきところにはしっかりかける、スクラップする部分はしっかりスクラップするという方向に、発想が大きく変化してきたと思います。

行政経営のポイントも、まさにここにあるのです。

行政の現場では、やはり予算を一律で見直すとか、計画に載っていないから対応できないという発想になりがちです。

したがって、次年度の夏を見据え、市内の小中学校の950教室への空調設備導入を今すぐ決定するという、タイムリーなニーズに即応することが難しい。あるいは、先行投資として今これをやっておくことで、近い将来、その投資が新たな税収となって返ってくるという発想も、なかなかできません。

行政の世界に、経営という視点が不足しているからだと思います。

改革とは、本来前向きでワクワクするものであるはずです。変えられることの満足感、楽しさというものもあるはずなのです。

私自身、「仕事は楽しく」を信条にしています。コロナ禍以降は多少休暇も取りましたが、それ以前は休みもなく仕事をしていたので、心配した職員や市民の皆さんが私の健康を気遣い、いろいろと言葉をかけてくれました。

でも私は、楽しんで仕事をしているので、辛いと思ったことは一切ないのです。

自分の立場を楽しんでいるといってもいいでしょう。市民の皆さんの思いを伺い、さまざまなアイデアを巡らせ、職員たちと議論を重ね、市民の皆さんの思いを形にしていく。

そのすべての段階に関わりながら、一部始終を見届けることができるのです。これほど満足感を与えてくれる仕事はないと、私は思っています。

改革は、1人ひとりの「変える勇気」の積み重ね

本章の締めくくりとして、組織改革のうえで、横串を通すことがいかに大切かということについて、もうひとつ事例を紹介したいと思います。

縦割り組織には、ある部門が所管していることについて、ほかの部門では極力口を差し挟まないという不文律があるものです。

実際、私が市長に就任したばかりの頃の、政策会議でもそうでした。

政策会議とは、先にも述べた通り、市長と各部の部長たちが集まって行われる最高意思決定機関で、市原市の方向性を決める重要案件について議論する場です。

ところが、ある部門の部長が施策を提案しても、他部門の部長たちはほとんど発言しないのです。担当者レベルから積み上げ、部門内で調整を重ねてきた施策案をこの場にもっ

てきて、報告するという感覚でいたのでしょう。

私は、「こんな会議をやるのは時間の無駄です」といいました。

今提案された施策について、他部門の部長たちが皆、本当にそれでよいと思っているのか疑問を抱いたからです。

確かに、各部門から上がってくる施策は、部下たちが一生懸命調整を重ねてきたものかもしれません。でも、それらについて、ここで再度議論を重ねて精査することが、最高の意思決定機関である政策会議の役割ではないですかと、私は意見をいいました。

その発言をきっかけに、出席者が活発に手を挙げるようになり、会議は大いに盛り上がるようになりました。かつては30~40分で終わっていた政策会議が、2時間近くかかることも出てきたのです。

出席者が思いのほか、積極的に発言してくれるようになったのは、とても嬉しいものです。「自分も、政策会議ではもっと活発に議論したほうがいいと思っていました。各部門でしっかり調整してきてくれたことだから、それはそれでいいのだろうという意識でいました。でも、もう一歩踏み込んで議論をすれば、もっといろいろな考え方が出てくるものですね」と話してくれた部長もいました。

各部からの報告が滞りなく終わり、議論もあまり盛り上がらないまま会議が終わりそうになるときには、いつも意見をいいたそうにしている部長に、「どう？　○△さん、何か意見はないの？」と聞いてみたりします。

すると、「今ご指名いただいたので、ひとつだけ申し上げます」という、その部長のひとことをきっかけに、議論が盛り上がることもあります。これが対話の大切さであり、醍醐味でもあるのでしょう。

会議での不文律や組織内の慣習にしても、これまで当たり前と思われていたことを変えるには、勇気が必要です。

実際に組織の中で、今までそうであったことに対して「これは違うのではないか」、「こうしたほうがいいのではないか」といい切ることは難しいものです。

その意味で、トップが意思決定し、率先して変えていくことは当然ながら重要です。でも、そのトップの意思決定に近い判断を、あらゆる階層にいる職員たちがひとつひとつ重ねていくことで、組織としての最終判断が、市民の皆さんにとってよりよいものになるのです。

政策会議なら各部長が、各部門のトップとしての責任をもって意見を述べ、議論し、判断を下す。各部門では、次長は次長の責任、課長は課長の責任の範囲内で意見を述べ、議論を行い、判断する。

職員1人ひとりが経営者になったつもりで、自分事として仕事に取り組むことが、行政経営を実践していくうえで、大きな鍵になると思います。

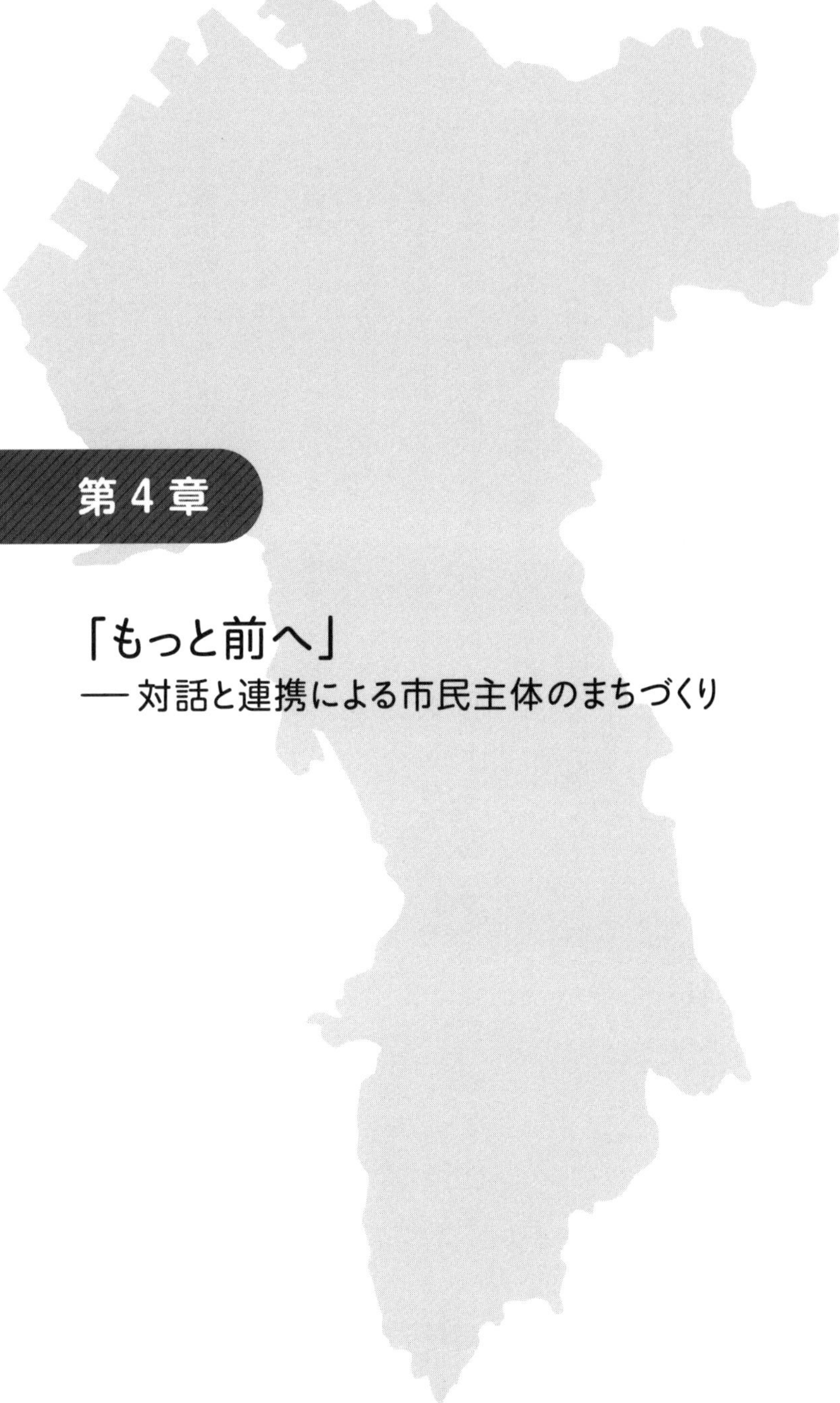

第４章

「もっと前へ」
── 対話と連携による市民主体のまちづくり

一市民の目で物事を見、考えることがすべての起点

市長就任以来、私が心がけてきたことは、「言葉だけが1人歩きする改革にはしない」ということです。

選挙のシーズンになると、候補者が改革を訴え、「市民目線で仕事をします」と演説している姿をよく目にします。

そんなとき、私はこう思うのです。

「自分はけっして勘違いしてはならない。自分も1人の市民で、市民の代表として仕事をしているのだから、市民目線は当たり前だ」と。

なぜか、「市民目線」という言葉が「上から目線」のように聞こえてしまい、とても違和感があるのです。

どこか、自分が特別な存在だと思っている部分があるから、「市民目線」という言葉が出てくるのかもしれないとさえ、疑ってしまいます。

私自身は常日頃から市民であって、これ以上でもこれ以下でもありません。見たままの

人間で、ほかの人よりも飛び抜けて優れた能力があるとも思いません。

逆に、特別な人が市長になる必要はない、ごく普通の一市民が市長という立場を担うからこそ、意味があると考えています。

市民目線になる以前に、目線そのものが一市民。だから市民の代表でいられるのだと、私はいつも自分にいい聞かせています。なにも、市長が目立つ必要はありません。市原市の「一歩先の未来」をつくり上げる担い手は、市民の皆さんであり、市民の皆さんから思いを託された市原市役所の職員なのです。

もし、あなたが奥さんの死亡手続きをするとき、どう思うか

だから市民の代表である市長は、一市民として普通の発想ができる人でなければならないと私は思うのです。

特別な知識や余計な思い込みがあると、一市民として普通の発想ができません。これが市政のルールだといって、普通の市民の発想に気づかないようではいけないのです。

普通の市民の発想に気づかないということは、市役所の中でも少なからずあることです。「それが市政のルールだから」という常識の中で、市民の思いが叶えられないでいることがあるのを、市政に携わる人たちは、よく心にとどめておく必要があるでしょう。

その最たるものが死亡届です。私が市長に就任してすぐに取り組んだのが、市役所での死亡手続きのワンストップ化でした。

たとえば最愛のご主人が亡くなり、死亡届を市役所に出しに来た市民の方がいたとします。以前は、市民課に死亡届を出し、火葬許可申請を行っていただくのは市民課で、国民健康保険の資格喪失届を提出するのは国民健康保険課、介護保険資格喪失届を提出するのは高齢者支援課と、窓口がバラバラでした。

実際、職員たちも、ひとつの手続きが終わったら、「次は○部の○課に行ってこの手続きをして下さい」という対応をしていました。

これが、かつては当たり前でした。

なにも、職員たちに悪気があったわけではありません。これがルールで、当たり前のことだったから、何の疑問も感じていなかったのです。

少し厳しいいい方かもしれませんが、市民の皆さんが近親者の死亡届を出すということを、自分事として考えることができていなかったのです。

実際、旦那さんが亡くなるという、人生の中で最も辛く悲しい出来事を迎えた市民の方にしてみれば、市役所に死亡届を出しに行くだけでも辛いのです。にもかかわらず、市役所のルールにしたがって「次はこの窓口に行ってこの手続きを」、「今度はあの窓口でこの手続きを」と、市民をたらい回しにしていいのかと、私は疑問に思っていました。

死亡手続きを行う市民の皆さんの気持ちに、もっと寄り添わなければならない、悲しみを長時間継続させてはならないと考え、「死亡届が出された時点で、ほかの諸手続きもワンストップで行えるようにしよう」と提案したのです。

死亡手続きをワンストップ化しようという私の提案に対し、職員たちは戸惑ったことでしょう。でも彼らは、これまでの「当たり前」を見直して市民に寄り添うことの大切さを理解し、ワンストップ化の実現のために一生懸命取り組んでくれました。

死亡手続きのワンストップ化の必要性について説明するために、担当部の部長に市長室に来てもらったことがあります。そのとき私は、こんなことを話しました。

「もし、あなたの奥さんが亡くなり、市役所に来て死亡届を出したとき、『では、次はこの窓口に行ってこの手続きをして下さい』、『今度は○階にある△課でこの手続きをして下さい』と、あなたがいわれたらどう思いますか？」

私の話を聞き、担当部の部長は納得してくれました。職員たちも、ワンストップ化により仕事の手間が増えたかもしれませんが、その意図するところをよく理解してくれたと思います。

なにしろ、ご親族が死亡したら、7日間のうちに死亡届を出さなければならないルールがあるので、市民の皆さんは悲しみをこらえて市役所に来ているのです。その気持ちに寄り添うことの意味を、よく考えてもらいたかったのです。

本来、行政の「当たり前」の中では、死亡手続きのワンストップ化は「やらなくてもいいこと」だったのかもしれません。

前例を踏襲していれば、変化に対応する必要がないので、ある意味で楽なのだと思います。でも、行政サービスを受ける市民の皆さんにとって、それが果たしてよいことなのか。

私はそうは思いません。市民に寄り添い伴走し、時代のニーズに合った行政サービスを提供できる市役所でなければなりません。

市民の皆さんからのご相談への対応ひとつをとっても、それを自分事としてとらえ、困り事の解決のために伴走することができる職員を、育てていきたいと思います。

対話を通じて芽生えた連帯感

過去には、市民の皆さんが、行政の進めることを甘んじて受け入れるということが往々にしてあったと思います。

でも今は、行政が考えることを市民の皆さんがただ受け入れるような時代ではありません。対話によって、行政は市民の思いにしっかり耳を傾け、市民の皆さんと連携し、よりよいまちづくりを共に行っていかなければなりません。

キーワードは「対話と連携」です。

その最終的な目標は、市民満足の向上にあります。

ましてや「日本の縮図」である市原市では、エリアごとの地域差が大きく、住んでいる人のニーズも文化も異なります。

そのため市原市では、どの地域でも一色というような、全市一律のまちづくりを行うことができません。エリアごとに、「そこに住んでいる人たちにとってよいまち」をつくるための施策を考える必要があります。

となると、各エリアに住む市民の皆さんが何を望んでいるのかということは、対話をしなければわかりません。

そこで市原市が目指しているのは、いつどんなときでも「対話するまち」。町会長・自治会長とのミーティングや市民の皆さんとのタウンミーティングなど、さまざまな対話の機会を設けています。

行政が考えているまちづくりを一方的に伝えるのではなく、お互いが意見を交換しながら、そこに住む市民の皆さんの「こんなまちにしたい」という思いを受け止め、それをしっかり形にしていくことが、私たちの役割。

2022年4月1日現在515を数える町会・自治会について、12ブロックに分けて行われる町会長・自治会長とのミーティングは、市長が町会長や自治会長と直接語り合うことを目的にした場です。

質問の事前通告は一切なしで、私がその場ですべての質問に答えます。細かい数字などを回答する際の補佐役として、課長が数人同席するだけですが、彼らに答えてもらうことはほとんどありません。

「帰って調べてお答えします」というい方もしません。

町会長・自治会長たちも、100点満点の回答ではないことはわかっていると思います。その場でいただいた意見について、「それは必ず実現させます」とは約束できないことも少なくありません。

でも、彼らにしてみれば、市長に対して直接意見し、それを真剣に聞いてもらえることに大きな意義があります。「市長もこのように前向きな回答をしていた」と、胸を張って地元に戻ることができます。

こうした対話の数を重ねていく中で、町会長・自治会長たちとのあいだに信頼関係が生まれてきました。

たとえば、私は町会長・自治会長が話していることを真剣に聞き、腱鞘炎になるのではないかと思うぐらいの勢いで、一生懸命にメモを取っています。メモを取りながら話の内容をきちんと理解し、論点を整理しながら答えを考え、自分の言葉で直接回答しているのです。

ありがたいことに、その姿をきちんと見て下さっている方も少なくありません。

「市長は私たちの話を、メモを取りながらしっかり聞いて、そこで考えて答えてくれているよね」といって下さるのが、最大の褒め言葉。国会のように、後ろからメモが飛んでくることはまったくありません。

町会長・自治会長とのミーティングの中で、ときには陳情や苦情に近いお話をいただくこともあります。私はそれでも構わないのですが、以前、ミーティングの取りまとめをして下さっていたある町会長連合会の会長が、「町会・自治会は請願・陳情団体ではないのだから、ここは文句をいうところでも、要望だけをいうところでもありません。もっと建設的な議論をしなければ」と場を制することもありました。

町会長・自治会長とのミーティングは、その地域の課題をどう解決するかについて、率直な意見を交換できる、よい会議になっています。

コロナ禍の影響でしばらく開催できていませんでしたが、2022年10月から町会長・自治会長とのミーティングを再開しました。ミーティングを行うときは、午前中に1回、午後に1回と、1日で2エリアを回ることになるので、かなりのハードワークになりますが、対話を楽しむつもりで取り組んでいます。

地域の課題の解決も「テーマはスピード」

1日2回のミーティングでは、事前に用意されたペーパーなどはなく、すべて自分の言葉で話し、質問に答えています。

まずミーティングの冒頭で、私から、市が現在手がけている重要な事業や、市が進もうとしている方向性などについて話します。それから各町会・自治会が議題にしたいことについて話し合ったあとは、フリートークになります。

そこで話題になることは地域によって異なり、実際にその場に行ってみないとどんなことが議題になるのかわかりません。

ただ、町会・自治会の活動には、地域の住民の安全を守ることに重きが置かれることが多いので、地区防災について話し合われることがよくあります。地区防災について、市としてはこういう方針で取り組んでいる、町会・自治会がそういう活動をして下さるのであれば、私たちも行政としてこんなサポートができるということをお伝えしています。

市役所の担当部署に要望しても、なかなか対応してくれないという事柄も話題に上ります。たとえば、少子高齢化によって過去に閉店した空き店舗が老朽化し、屋根が落ちそうになっている。通学路に面しているので大変危険なのだが、「帰りにぜひ現場を見ていってほしい」というお話をいただいたことがありました。

ミーティングが終わってすぐに現場を見に行った私は、一見して、「これはまずい」と感じました。

その日のうちに、子どもたちが空き店舗前を避けて歩けるように、パイロンを設置。あわせて建物の所有者を調べて連絡を取り、屋根が落ちそうで危険なので、すぐに建物の解体・撤去工事をさせてほしいと申し入れました。その結果、1週間も経たないうちに工事が完了し、老朽化した空き店舗は撤去されたのです。

実際、市原市でも最近、このように放置されたままの空き家の問題が深刻化しています。市原市では住民の要望を受けて、この1年で1件行政代執行を実施しており、今もう1件の手続きを行っているところです。

建物の所有者に連絡をしてみると、残念ながら所有者の方に建物の解体・撤去を行う資力がないこともあります。それについても、行政代執行の手続き上、かかった費用を相手に請求はしますが、費用が回収できないことはわかっています。

それでも、地域住民の安全のためには、市がやらざるを得ません。

私は常日頃から市の職員たちに「テーマはスピード」だと話していますが、職員たちは私のことを、せっかちだと思っているかもしれません。

でもこうやって、スピード感をもって市民の皆さんの課題や不満に向き合い、解決に向けて行動を起こすことが大切なのです。

そんな姿勢を見て、市民の皆さんも、「対話をすることによって、市もこうやって動いてくれるようになる。だから、自分たちも要望するだけでなく、できるところは一緒になって取り組もう」と思って下さるようになるからです。

実際に今、市原市では市民の皆さんのあいだに、そんな機運が高まりつつあります。対話を通じて、市が地域に対して「こんな施策を行いたいと考えている」という提案を投げかける。すると、その地域の住民の皆さんが、施策の内容をきちんと理解しようと勉強して下さるのです。そして、理解ができたら意見すべきところは意見し、自分たちができるところについては自ら行動に移してくれる。

そういう動きが少しずつ大きくなっているのを感じます。

第1章で、市原市が「動いているように見える」という市民の声を聞くことは、どんな褒め言葉をいただくことよりも嬉しいと書きました。

でも、私たちが目指しているのはその先のこと、つまり「もっと前へ」動いていくまちづくりです。

かつてのように、行政の考えたまちづくりを、地域の皆さんに押しつけるつもりは一切ありません。対話を通じて、その地域に住む皆さんが「どういう地域でありたいか」と思っているかをしっかり理解し、市としても提案を行う。そして、お互いに議論を重ねて、地域の課題を共に解決していくのです。

そうした中で、地域住民や地域に立地する企業などが、自主的にまちづくり活動を行う「まちづくり協議会」が、市原市内の各地域に立ち上がり始めています。

私自身は、市民の皆さんと対話をする中で、小難しいことや理屈めいたことは一切話しません。相手の話を素直に受け止め、あるがままに、思ったことを正直に答えているだけです。

それを通じて、私自身の「熱量」が市民の皆さんに伝わればいいと思います。

「小出譲治は熱いやつだ、やはりあいつは『濃い目』だ」と。

「あきらめの地域」にはしない――商店街再生を住民自らの手で

市原市のまちづくりの基本である「対話と連携」を通じて、地域の住民が立ち上がり、行政と連携しながら商店街の再生に取り組み始めたケースもあります。

たとえば、市原市内の五井駅から、鉄道ファンに人気の小湊鐵道で約30分の場所に、上《かず》総牛久《さうしく》（市原市牛久）という駅があります。

同駅は、豊かな自然や里山が広がる市原市南部への玄関口で、観光客に人気の「房総里山トロッコ列車」の主要な発着駅でもあります。

この牛久地区は、かつての北部の臨海コンビナート地帯や最近人気の住宅地・ちはら台地区などとは異なり、新たに住民が移り住むことが少ないまちでした。

市原市のちょうど中間に位置しているのが同地区で、養老渓谷のある加茂地区に向かう玄関口であり、千葉県立市原高等学校の最寄り駅でもあることから、かつては商店街が栄えていたまちだったのです。

ところが時代が変遷する中で、近隣への大型店舗の進出などとともに、上総牛久駅前から広がる牛久商店街はすっかり寂れ、シャッター街になってしまったのです。

私は、深刻な高齢化と人口減少に見舞われている市原市南部の活性化のために、その玄関口にあたる上総牛久駅周辺および牛久地区の活性化に取り組みたいと考えていました。

そんなとき、同地区のある町会長と話をする機会がありました。

何気ない会話の中で、「うちの商店街はすっかりシャッター通りになってしまった。近いうちに商店街の総会をやるのだが、約50人の商店会員のうち、例年10人ぐらいしか集まらない」と、彼は話したのです。

私は、市原市全体の未来を考えたとき、牛久地区は非常に重要な位置づけにあると思っていました。そこで私は、「その商店会の総会にぜひ出席させて下さい。私が牛久のまちをどうしたいと考えているかを、地元の皆さんにぜひお伝えしたい」と申し出たのです。総会には、小湊鐵道の石川晋平社長と市原高校の小林一雄校長（当時）にも同席を依頼しました。

まもなく開かれた総会には、予想をはるかに上回る50数人が出席。商店会の役員の皆さんの尽力が大きかったことはもちろん、市長がわざわざ牛久商店会の総会まで足を運び、何を話すのかということに、商店会の皆さんが興味をもって下さったのだと思います。

私自身、商店会の総会に出席するのは初めてです。例のように、私は牛久商店会の総会に、書類は一切もたずに出席しました。ただひとつ、自分の思いの丈を伝えるために。

私は総会の冒頭で、50人を超える出席者に向けて、こう述べました。

「この牛久地区を、市原市のまちづくりの中にしっかりと位置づけなければいけません。加茂地区を始めとする市原市南部は高齢化と人口減少が進んでいます。私はこのエリアを『あきらめの地域』にしたくはありません。そのためにも、市原市南部への玄関口である牛久地区を昔のように活気のあるまちに、少しでも戻していきたい。われわれも牛久地区の活性化に向けて、共に行動します」

牛久地区は、もともと親子の2世代だけでなく、親子孫の3世代が同居している世帯も多いまちです。本来、親からすれば、自分の子どもにも孫にも、この地域で一緒に暮らしていてほしいと思うものでしょう。

ところがたとえば、かつては親が子どもたちのために、そして今はその子どもたちが自分の子どものために、より教育環境が整った地域に移り住むケースが見られます。

南北に約40キロメートルの幅をもつ市原市では、こうした市内の人口流動も、加茂地区を始めとする市原市南部の人口減少を加速させる一因になっているのです。

たとえば今は、子どもたちの世代が自分の子どもを連れて、塾などが多く近隣の学校にも通いやすいＪＲ線沿線に移り住むケースが多くなっています。

昔のように、子どもたちが実家を離れることに反対するような時代でもありません。そのため、市原市南部には高齢者世帯が残され、子どもの数がどんどん減り続けるという悪循環に陥っています。

そうやって、「あきらめの地域」が広がっていくのです。

そうであるなら、その地域の魅力をどう活かし、地域がふたたび光り輝き、「新たな魅力を創出するまち」、「住み続けたくなるまち」、「子どもを産み育てたくなるまち」をつくるのかということを、私たちは今、真剣に考え行動しなければなりません。

その意味で、この市原市南部への玄関口である牛久地区をいかに活性化するかが、市原市政にとってきわめて重要な問題になってくるのです。

駅前に現れた「おもてなしのシンボル」

市原市では3年に1回、「いちはらアート×ミックス」を実施しています。この芸術祭は２０１４（平成16）年に「中房総国際芸術祭」として初めて開催されたもので、市原市南部に広がる里山を始めとする、豊かな自然を舞台にしたアートフェスティバルです。

　市原市がもつ自然や歴史、文化、人々の暮らし、食やスポーツといった、さまざまな地域資源を現代アートと融合させた新しい形の芸術祭で、里山に活力を取り戻し、より魅力的な「いちはら」を再発見することを目的にしています。

　五井駅から小湊鐵道に乗って、五井機関区から養老渓谷を巡るアートの旅を楽しめるのが大きな特徴です。２０２１年11月19日〜12月26日に開催された「いちはらアート×ミックス　２０２０＋」では、小湊鐵道に沿って市の中心部から南部へと広がる五井から養老渓谷までの9エリアに、17の国と地域から参加した約70組のアーティストたちが約90点の作品を展示しました。

　２０１７年5月2日に、五井機関区機関庫および鍛冶小屋、上総村上《かずさむらかみ》駅本屋《ほんや》や海士有木《あまありき》駅本屋、上総牛久駅本屋、第一・第二養老川橋梁を始めとする、小湊鐵道の22施設が国の登録有形文化財に登録されています。

　レトロなたたずまいを今に伝える小湊鐵道の全駅のほか、旧・平三《へいさん》小学校や旧・白鳥保

「いちはらアート×ミックス」で駅に展示されたレオニート・チシコフ氏による作品

育所などの閉校・閉園した建物などが、会場に加わりました。
上総牛久駅を中心とする、牛久地域も芸術祭の会場のひとつです。市原市南部への玄関口である牛久地区は、やはり「おもてなしの牛久」でなければいけません。
牛久商店会の総会でも、どうやって商店街を活性化したらいいのかについて、さまざまな議論が交わされました。私自身も「おもてなしの牛久」を実現するにはどうしたらいいのかと、あれこれ考えを巡らせました。
そんな中、思い浮かんだのは、「上総

牛久駅を訪れた観光客の皆さんを、きれいなトイレでおもてなししてはどうか」ということです。レトロな駅舎群として国の登録有形文化財に指定されている小湊線の各駅は、建物が古いためトイレが狭く、汚れていることもありました。

そこで私は、「牛久に多くのお客様を迎え入れるために、駅前にきれいなトイレをつくりませんか。牛久の皆さんも立ち上がっていただけるなら、商店街の活性化につながるように、しっかりやりましょう」と、その場で提案したのです。

それをきっかけに、小湊鐵道の石川社長も交えて、議論は大いに盛り上がりました。そんな中、有名な建築家の藤本壮介先生に、何かモニュメントになるようなトイレをつくってもらったらいいのではないかという提案がありました。

藤本先生は、第1回の「いちはらアート×ミックス」に合わせて、小湊鐵道の飯給《いたぶ》駅前に新設された「世界一大きなトイレ」を設計して下さった建築家です。「世界一大きなトイレ」は当時大きな話題になり、さまざまなメディアで取り上げられました。

気がつけば、私は牛久商店会の総会で、1時間近くにわたって思いの丈を語り続けていました。そのときに、「熱量」は十分に伝わったと思います。

南市原の玄関口である上総牛久駅では「里山トイレ」が観光客を歓迎する

出席者の中には「市長が話していることは、口だけかもしれない」と疑心暗鬼に駆られていた人もいたことでしょう。

でも、それからほどなくして、上総牛久駅前にモニュメントになるようなトイレをつくろうという話が具体的な計画として動き出し、2020年12月に、ついに「里山トイレ」が完成したのです

「里山トイレ」の特徴は、ひとつの大きな建物ではなく、木々のあいだに小さな建物を点在させ、里山らしい多様な風景をつくり出していることで、その「建物」が「菜の花＋切り通しのトイレ」と「階段のトイレ」、「緑があるトイレ」、「塔の

トイレ」です。

養老渓谷駅手前にある「石神の菜の花畑」と昔ながらの切り通しトンネルを彷彿とさせるのが「菜の花＋切り通しのトイレ」。「里山トイレ」の入口から階段を上ると小さな展望台になっていて、その下にあるのが「階段のトイレ」です。

そして周囲の木々に溶け込み、美しく映える黒色で塗装された杉板でつくられたのが「緑のトイレ」で、高さ7・2メートルの塔のようなシンボリックな形をしたトイレが「塔のトイレ」です。

地域の若者たちを動かす「思い」

このように、モニュメントになるようなトイレが上総牛久駅前にできたのを見て、牛久地区の皆さんは、自分たちの思いが本当に形になったと感じて下さったことでしょう。

当時の商店会長も、「市がここまで本気になってくれたのだから、自分たちも動き出さなければならない」と話してくれました。

本気度が伝わり、「自分たちも、牛久のまちに賑わいを取り戻すために何かできることをしよう」という機運が高まってきたのです。

そうした中で、「このシャッター街をなんとかしなければ」という志をもつ若者たちが、行動を起こし始めたのです。

たとえば、学生時代から地元の牛久で商店街の活性化に取り組んでいる若者が、仲間たちと一緒に、商店街でつくられた食品を、トロッコ列車の乗客に販売する「出張牛久商店街」という取り組みを始めました。

売り子が着ているのは、「牛久商店会　#商売繁盛」などのロゴが入った法被。牛久商店街の食堂でつくったお弁当や肉屋さんのコロッケ、和菓子屋さんがつくった饅頭や大福などを大きなお盆に入れ、畳屋さんから分けてもらった畳の縁でつくった紐をゆわえて首にかけ、駅のホームで売り歩くという、昔ながらのスタイルです。

一方、上総牛久駅は市原高校に通う生徒たちが日常的に利用する最寄り駅でもあります。そこで、小湊鐵道を利用して牛久高校に通う高校生たちに調査を行い、牛久がどんなまちだったらいいと思うかということなどについて話を聞きました。

そこで多かった回答が、「何か食べたいとか飲みたいとか思っても、商店街にあまり商品がない」というものでした。

するとまた、別の若者が動き出し、上総牛久駅に併設したスペースに小さなコーヒースタンドをオープンしたのです。

テイクアウト専門で、街中の思い思いの場所でコーヒーを楽しんでもらうというのが店舗のコンセプト。高校生たちはもちろん、コーヒーチケットを購入し、毎日のようにコーヒーを買いに来るという近所の常連客もいます。コーヒースタンドで豆を買い、自宅でコーヒーを楽しむという人もいて、地元の人たちにも愛される店舗になっているようです。

ところが、駅前や商店街には、牛久のまちを訪れた人が座って休めるところがほとんどありませんでした。そこで今度は地元の人たちが、商店街にベンチを置こうと動き始めたのです。

ベンチは地元の人たちの手づくり。赤く塗られたベンチには、「うしぷら♡」と手書きの白文字で記されています。「牛久商店街をぷらっとお買い物」の略語なのだそうです。

このようにして、地元の皆さんによる、手づくりの商店街活性化の試みがひとつひとつ動き出しています。

牛久地区の皆さんが本気で、自分たちが住むまち、そして、市原市の未来に目を向け始めて下さっているのだと思います。

私は、「このまちをあきらめの地域にしたくない」という思いを、最初は言葉で伝えました。それが実際の行動に移り、その行動が形になって実現したことで、思いが本当に牛久地区の皆さんに届いたのであれば、これほど嬉しいことはありません。

商店街の空き店舗にアートを飾ろう

先に紹介した「いちはらアート×ミックス 2020＋」（2021年11月19〜12月26日）で、牛久地区は初めて作品展示の舞台になりました。

「いちはらアート×ミックス」はもともと「課題解決型芸術祭」のキャッチフレーズでスタートしたイベントです。

人口減少や少子高齢化に加え、これにともなう経済活動の縮小という地方都市に共通する問題を、アートの力で解決することを大きな目的にしています。

今回の芸術祭で、牛久地区ではシャッターが閉まっている空き店舗などを使って、アーティストの作品の展示を行いました。

その中で、ユニークな試みがありました。

牛久商店街の中に、昔ながらの洋品店があります。婦人ものの洋服を主に扱っていますが、ほかの品揃えも豊富で、さながら小規模なデパートのような店舗です。

昔は、地域の皆さんが何か欲しいものがあると、まずその洋品店に足を運ぶというぐらい賑わっていましたが、時代の移り変わりとともに規模を縮小し、3階建てのビルは2階と3階が空きスペースになっていました。

そこに、アート作品が展示されたのです。店舗を営むご夫婦にアーティストが聞き取りを行い、ご夫婦の思い出を題材にして制作された現代芸術の作品です。

作品の展示期間中も、1階店舗の営業は続けられました。

1階店舗には、「もんぺ」が並べてあったのですが、市外から訪れた若い女性たちが物珍しさに、もんぺを買っていくということもあったそうです。

会場の整備や片づけは、ボランティアのメンバーによって行われました。「牛久のまちをなんとかしたい」という人たちが立ち上がり、アート展示を一緒につくり上げたのです。

そしてさらに、「いちはらアート×ミックス 2020+」が終了してから約4カ月後には、牛久商店街を舞台に「牛久リ・デザインプロジェクト」がスタートしました。

同プロジェクトは、アートのもつ地域活性化などの効果を、まちづくりに活かす試みで、2022年3月26・27日、4月2・3日にキックオフイベントが開催されました。

「牛久リ・デザインプロジェクト」では、「アーティスト・イン・レジデンス」と「(仮称)アート・タウン・マネジメントコミッション」という2つのモデル事業が実施されています。「アーティスト・イン・レジデンス」は、アーティストが牛久地区内の宿舎に一定期間滞在し、牛久商店街の空き家や空き店舗を使って作品を制作したり、ワークショップを行って地域の住民との交流をはかるものです。

「(仮称)アート・タウン・マネジメントコミッション」は、アート関係者や地域住民などで構成される組織です。まちでアーティストの活動を支え、アートの力を活用し、地域課題の解決や地域社会と環境との調和をはかり、持続可能なまちづくりにつなぐ活動を行っています。

同プロジェクトの狙いは、アートを日常的に感じられるまちづくりを行うことによって、まちの魅力（訪れたい）と、まちに対する共感（関わりたい）、愛着（暮らしてみたい、住み続けたい）を生み出し、交流人口や関係人口を増加させること。

２０２２年10月29日～11月13日に開催された「アーティスト・イン・レジデンス公開展示」で、第１期の参加アーティストたちが作品の展示を行いました。２０２２年10月10日～11月13日にわたり、第２期の参加アーティストの募集を実施したところです。

実際、「いちはらアート×ミックス ２０２０＋」や「アーティスト・イン・レジデンス」をきっかけに、牛久地区を玄関口とする市原市南部も少しずつ変わり始めています。これまでは、牛久地区から加茂地区にかけて、里山を若いカップルや外国人が歩いているということはほとんどありませんでした。

アートを媒介にすることによって、交流人口と関係人口が増え、まちの賑わいが徐々に戻り始めているのです。

そうした中で、もともと人がよく親切な牛久地区の皆さんの、おもてなしが力を発揮し始めています。「いちはらアート×ミックス2020+」でも、地元の皆さんが積極的に会場の受付や案内役を買って出て、来場者を温かい笑顔で迎えてくれました。

こうした活動を通じて、地域の皆さんも、地域活性化のために自分たちが果たせる大きな役割があることを、再認識して下さったのではないかと私は思います。

自分たちも一緒に努力し汗をかくことによって、まちは変わる。深刻な人口減少や高齢化が続き、あきらめかけていたまちの状況にも、少しずつ光が差し込んでくるのです。

「一月三舟」――異なる立場を超えて連携するための心構え

こうした商店街活性化の試みも、市民の皆さんとの「対話と連携」から始まったことです。振り返れば、私は市議会議員時代から「対話と連携」の大切さを身にしみて感じていました。

私は市原市北部の青柳という場所に生まれ、近隣の市原市立千種《ちぐさ》小学校を卒業しました。

市議会議員当時の活動の基盤にしていたのも千種小学校区。

議員当時、千種地区に近隣公園を整備する話がもち上がりました。

従来の公園整備は、市が計画したものを、地域住民の了解を得て進めるという方法が取られていました。ところが、そういった計画は、実際にできあがった公園が地域住民にとって本当に使いやすいものなのか、本当に地域住民が望んでいるものなのかということと、必ずしもイコールではありません。

そこで私は、千種地域の皆さんが望む公園をつくろうと思い立ちました。公園を利用する子どもたちと親御さんの意見を聞き、その一方で地域の高齢者の方の声にも耳を傾け、市民の声を形にするための公園整備に、市原市として初めて挑戦したのです。

その近隣公園は、区画整理がきっかけで整備が決まった施設でした。区画整理によって造成された地区につくられる公園ですから、利用者には、古くからその土地に住んでいる住民もいれば、新たにそこに移り住んだ住民もいます。新たに移り住んだ住民には子育て世代や若者が多く、古くからそこに住んでいる住民には高齢者の方が数多くいます。

その両者が、お互いに望んでいるものが違うのです。

子育て世代なら、遊具がたくさんあって、子どもが思い切り遊べる公園を求めるでしょう。その一方で、高齢者の方は公園に、ゆっくりくつろげる憩いの場を求めることが多いと思います。中には、楽しそうに遊んでいる子どもたちの姿が見られればいいとおっしゃる方もいます。

そこで公園整備にあたり、まずはどんな遊具を置くかということよりも、「千種地区の皆さんにとって必要な公園とはどんなものか」ということについて、住民の皆さんとしっかり議論を重ねました。

そうやってできあがったのが「千種ふれあい公園」です。

開放感のある芝生広場を中心にした、広々として見晴らしがよい公園で、多目的トイレも設置されているので長時間滞在することも可能です。

ローラーすべり台や複合遊具、ブランコ、ネット遊具などが充実しているほか、幼児向けの遊具も設置。夏には地面から水が噴き出し、水遊びもできます。ストレッチや軽い運動ができるように、大人向けの健康遊具も設置し、住民の皆さんの健康にも配慮した公園にしました。より広い年代層の方に利用していただける、なかなか面白い公園ができたと自負しています。

市民の皆さんの要望というものは、実に多岐にわたり、年代によっても異なるものです。ある人からみると、木々が鬱蒼と生い茂っているせいで公園が暗くなり、夕方になると子どもたちが危ないから伐採してほしいと思うかもしれません。でも、別の人からみると、その木々があるお陰で公園が憩いの場になっているのに、なぜ伐採してしまうのかと思うこともあるのです。

そこで私が大切にしているのが、「一月三舟《いちげつさんしゅう》」という言葉です。

これは仏教の教えで、同じ月でも、止まっている舟からは止まって見え、南に向かう舟から見れば一緒に南に動くように見え、北に向かう舟から見れば一緒に北に動くように見えるという意味です。

つまり、物事を違う角度から見ると、まったく違った見え方をするということで、私はいつも自分自身に「一月三舟」といい聞かせています。

どちらかというと、私は性格的に熱くなるほうなので、議論をしているときに、「自分の独りよがりを押しつけてはいけない」とふと我に返り、「自分とは逆の見方をしたらどう思うか」と意識するように心がけています。

私は、市民の皆さんとやり取りをしているときも、相手を否定するような言葉から議論を始めることはありません。

頭ごなしに相手の言葉を否定してしまったら、対話にならないからです。だから「Yes, but」を常に心がけています。

「あなたが話していることは間違っています」ではなく「そういう考え方もありますね」と受け入れる。相手の話をしっかり聞いたうえで、「でも市原市では、その課題を解決するために、こういうアプローチでこんな取り組みをしています」と説明します。

質問や反論があれば、またしっかりと説明を尽くし、理解していただくように努める。その繰り返しです。

こうしたやり取りの中で理解が生まれ、お互いに議論を尽くして対話ができたという、一定の満足が生まれるのだと思います。

「これはこうしたらいいのではないですか？」という提案に対し、頭ごなしに「それはできません」と回答していたら、けっして市民満足は生まれないでしょう。

「対話と連携」、そして行政経営の最終的な目標は、市民満足の向上です。

ですから私は市民の皆さんからご意見をいただいたとき、いつも最後にお礼の挨拶として、「新たな気づきをいただきありがとうございます」という言葉を添えるようにしています。自分とは異なる考え方や、自分では考えも及ばなかったご要望、あるいはご批判も、市民満足を実現するために必要な、新たな気づきなのです。

「もっと前へ」という覚悟

話が前後しますが、２０１９年5月に告示された市原市長選挙で、私は無投票で再選させていただき、市長在任2期目を迎えることができました。それを受けて、私は令和元年第2回市原市議会定例会で2期目の施政方針を発表し、こう述べました。

「『もっと前へ』。これが2期目の私の覚悟であります。この『もっと前へ』が意味するところは、ひとつには、これまで推進してきた施策をもっと前へ推し進めてい

2015（平成27）年の市長就任以来8年目となる今も「もっと前へ」と前進を続ける

くことであります。

もうひとつは、20世紀最高の経営者と称されたジャック・ウェルチの言葉『変革せよ、変革を迫られる前に』の通り、常に時代の先を見据えた未来志向で新たな施策を創り、成果を実現していくことにあります。

私は、目指す都市像の実現に向けた一層の施策推進はもちろんのこと、市民ニーズの先にあるもの、時代の先にあるものをしっかりととらえ、さらなる『変革と創造』に力を注いでまいります」

1期目は、何よりも市民の皆さんの望むことをしっかり聞くことに徹し、思いを形にすることに全力を傾けてきました。

2期目は、その取り組みをさらに進化させ、市民の皆さんが望むその先まで考えて行動できる市政なり、市原市役所にしていきたい。そんな思いを込めて、私は「もっと前へ」というメッセージを発信したのです。

まさに、この「もっと前へ」という言葉が、私の市政2期目のキーワードです。

今までの行政では、ある意味で「自分たちの仕事はここからここまで」だと、自ら範囲を決めていました。

これに対し、私は「これまでの延長線上にある市原市政であってはならない」と訴え、あらゆる行政の「当たり前」を変革することに取り組んできました。

そして今、私たちは、市民の皆さんが求める行政サービスの、その先を見据えた行動をしようと、常に「いちはら愛を真ん中に」置き、自分事として仕事をしています。

「市原市は、こんなに先まで見据えて動いてくれている」と皆さんが思って下さるようになれば、市民満足は大きく向上するに違いありません。

第5章

公民の関係を超えた
パートナーシップが未来をつくる

信頼できる民間パートナーの知恵を借りる

これからの時代は、社会の大きな変化の中で進行する人口減少や少子高齢化を始め、まちのすべての課題や問題を、行政の力だけで解決できるということはあり得ません。

それどころか、近い将来、人口減少のペースによっては行政の規模を縮小し、組織を合理化することも避けられなくなってくるでしょう。

となると、それぞれの分野で豊富な知識や経験、ノウハウがあり、意識の高い民間のパートナーといかに連携していくかが重要です。

たとえば第3章で述べたように、市内の建設業者の皆さんは、市原市民の生活を支えるインフラを守り、自然災害などからの復旧・復興を進めていくための最大のパートナー。

また、市原市役所の市民窓口サービスを一部代行していただいている人材サービス事業者は、お客様であり株主である市民の皆さんに対するおもてなしを向上させるための重要なパートナーです。

さらに、第1章で紹介したように、臨海部コンビナートの石油化学関連企業も、市原市が全国に先駆けて取り組む「化学×里山×ひと〜SDGsでつなぎ、みんなで未来へ〜」の中でとくに注力している、「市原発サーキュラーエコノミー」を実現するための大切なパートナーです。

民間パートナーとの連携が大切な理由はほかにもあります。

私たちには行政のプロとしての意識はあります。でも、「一歩先の未来」を見据え、市民が望むその先まで考えて行動するには、自分たちにはない知識やノウハウ、仕事に臨む意識といった、さまざまな事柄を学ばなければいけません。

異なる能力や発想をもつ人同士が連携することで、生産性が向上したり、新たな変革が生まれたり、今までは不可能だったことが可能になるからです。

そのためにも、公民が対等な関係で連携するスタイルが、最も理想的だと私は思います。

第1章でも紹介した通り、市原市は「まちづくりのスタートアップ・プロジェクト」の一環として、外部の技術やアイデアを積極的に取り込み、急速に進む人口減少や少子高齢化などの地域課題につなぐ「オープンイノベーションプロジェクト」を実施しました。

同プロジェクトを通じて採択された事業にも、成果が出始めています。

介護施設と有資格者の介護職をつなぐワークシェアプラットフォーム「カイスケ」（カイテク株式会社）でも、介護事業者との実証事業実施に向けた調整を行っています。

このように、オープンイノベーションを活用したまちづくりの変革の一歩を踏み出すという意味で、「オープンイノベーションプロジェクト」は一定の成果を上げています。

今後は、第6章で改めてふれますが、五井駅前の公共施設「サンプラザ市原」を市内外の多様な企業・人材の交流・共創の場としてリニューアルしていきます。リニューアルにあたっては、さまざまな有識者や地元の皆様と、そのデザイン、機能配置、意匠、運営方法などをしっかりと議論することで、多くの企業の皆様、起業・創業したい皆様に喜ばれるイノベーション拠点としていきたいと考えています。

公民連携で耕作放棄地を「儲かる農業」の舞台に

また市原市では、公民連携で市内農業の活性化にも取り組み始めています。

市原市は千葉県内第2位の耕地面積を有していますが、耕作放棄地面積はときに県内1

位となるなど常に上位を占めており、さらにその増加に歯止めがかからないという、大きな問題を抱えているのです。

「課題先進都市」の市原市が直面している大きな課題として、この農業の問題は持続可能なまちづくりを実現するうえで、避けることのできない重要案件です。

実に、市原市の農業経営体の中の、個人が経営する1369経営体のうち、農業所得が主の主業経営体は151（11・0％）にすぎず、農業外所得が主の準主業経営体が190（13・9％）、調査日前1年のあいだに自営農業を60日以上行った65歳未満の世帯員がいない副業的経営体が1028（75・1％）に上っています。また、農産物の作づけおよび養育を行った1539経営体のうち、稲を扱う経営体は1107（71・9％）に上ります（いずれも2020年農林業センサス）。

農業は汚い、厳しい、きついの3Kだといわれる中、市原市の農業従事者数は1737人（2020年）と、5年前（5423人）の3分の1以下に減ってしまいました。

2021年の日本の食物自給率は38％（カロリーベース）で、主食の米は97％といわれています。

ところが、その米を、生産者がＪＡなどの集荷業者に出荷した際に支払われる概算金（仮渡し金）は60キログラム（1俵）あたり９０００円。その米が卸売業者に販売される見通しが立った時点で、生産者に追加払い（相対取引〈見込〉額−概算金−流通経費など）が行われますが、1反３００坪で8俵取れたとして、1年努力しても、概算金は7万２０００円にしかなりません。

米の概算金は、地域で独自に決定していることもありますが、この概算金が低下して赤字になり、米づくりを続けられなくなる生産者が増えているのです。

こうした中で、生産者の皆さんに農業を継続していただくためには、収益がきちんと上がる「稼げる農業」を確立しなければなりません。

ところが今、生産者の高齢化が急速な勢いで進んでいます。自分では農業ができなくなった生産者が、耕作地を「担い手」さんに預けるケースが数多く見られるようになりました。

市原市には、大規模な区画整理によって生まれた広大な農地もあれば、あまり整備が行き届いていない中山間地域の農地もあります。

しっかり整備が行われていない農地には、担い手さんも容易に手が出せません。現に市原市内でも、荒れ放題の耕作放棄地が増え、猪被害が頻発するケースも見られます。この問題にも、きちんと対策を講じていかなければいけません。

こうした現状をトータルに見ていくと、今後市原市の農業が存続していくためには、水稲栽培プラスアルファで安定的な農業収入を得られる「儲かる農業」の構築が欠かせません。全国に先駆け、市原発の「儲かる農業」のモデルをぜひとも確立したいところです。

ところが、こうした新たな試みを進めることは、行政のノウハウだけではとても手に負えません。この分野で豊富な知識やノウハウ、実績をもつ企業との連携が不可欠です。

そこで、この事業でパートナーになっていただいたのが、農業法人の株式会社和郷（本社・千葉県香取市）さんでした。

和郷さんは、千葉県香取市の農家を中心に約100軒の生産者からなる農事組合法人和郷園を運営し、全国の産地とも連携しながら、農産物の新たな流通ネットワークの構築を手がけています。たとえば野菜は年間で約50品目を生産し、生協や小売業者、外食業者などと契約販売を行っています。

同社はそのほか、6次産業化ビジネスモデルの構築や農業振興・地域活性化支援などでも多くの実績があり、今後は農業経営者の育成にも力を入れていかれるとのことです。同社の木内博一社長は、「農業をより魅力的で夢のある産業へと変えていきたい」という志をおもちで、私も非常に意気投合しながらお話をさせていただきました。

もともと水稲栽培中心の市原市の農業が今後存続していくためには、大規模農家が安定的に収入を得られる環境を構築することが重要です。

そのためには、水耕栽培のトマトを始めとする、より収益が見込める作物を積極的に栽培し、安定的な販売が期待できる流通ネットワークに乗せていくことが欠かせません。

和郷さんとアドバイザリー契約などを結び、連携することによって、「儲かる農業」の市原モデル構築に向けて、私たちは「もっと前へ」踏み出します。

人材育成・組織改革のプロと共に「戦略に従う組織」をつくる

また第3章で、「未来創造経営力強化プロジェクト」を通じて、市原市役所の組織ビジョンである「みんなの未来へ〝しんか〟し続けるプロ集団」、経営理念の「いちはら愛を真ん中に」に加え、5つの行動指針を作成したことについて述べました。

この「未来創造経営力強化プロジェクト」は、市原市総合計画に掲げる都市像の実現に向けて、市原市の全職員が高い志をもって課題解決に取り組む、変革と創造を通じた行政経営を確立することを目的にした事業です。

同プロジェクトでも、私たちは民間の知恵を借り、大いに学ばせていただきました。

読者の皆さんの中には、ビジョンや理念といった、組織が目指す方向性や職員1人ひとりが大切にすべき考え方を策定するのに、なぜ民間の知恵を借りる必要があるのかと疑問に思う人がいるかもしれません。

その理由はきわめてシンプルで、行政、市役所にはもともと組織ビジョンや経営理念がありません。ビジョンと経営理念を確立したうえで、組織を動かしていこうとすること自体が民間の発想です。

ひとくちにビジョンや経営理念といっても、企業ごとに特徴があり、使い方もさまざまです。毎日の朝礼で、ビジョンと経営理念を唱和している企業も少なくないと思います。

私自身も、経営者時代にビジョンや経営理念をつくり、社内への浸透をはかるためにさまざまな努力を重ねてきました。

一方、地方公務員の場合は、たとえば地方公務員法に定める「法律等および職務命令に従う義務」や「職務に専念する義務」を始め、市原市なら「市原市職員倫理規程」などの規定やさまざまな条例があって初めて、公務員という存在があるわけです。

このような、「〜をしなければならない」とか「〜をしてはならない」というルール以前に、市原市役所は市原市民のためにある組織であって、市原市職員は市原市民の思いを叶えるために働いているという認識をしっかり持つ。そして先にも述べた通り、誰が市長であっても脈々と職員に受け継がれる組織ビジョンがあり、経営理念がある。

こうした揺るぎない軸があれば、何があってもぶれない組織になるはずです。これが、市原市役所のあるべき姿だろうと私は思います。

「組織は戦略に従う」ものだからです。

これは、私が常日頃から市の職員にも話していることですが、明確な目的のもとに組織をつくり、動かしていくことが、私の行政経営における基本的な方針です。

「何のためにこの組織はあるべきか」と、明確な目的にもとづいて組織のあり方を考えるので、必要に応じて大規模な組織改革を行うことにも躊躇しません。

これも過去の延長線上ではない「変革と創造」の試みのひとつです。

ここ数年のあいだに、「この目的を達成するにはどんな組織が必要か」という、戦略的な視点から必要だと思われる組織をつくり、そこに人員を配置するという、当たり前のことが当たり前に行われるようになってきました。

これにより、市原市役所の行政経営力は大きく向上していくはずです。

組織をつくるにも前例にしたがう、前例がないからそういう組織はつくらない、というやり方では、変化に対応できません。

こうした中、私たちはプロポーザル方式で「未来創造経営力強化プロジェクト」に関する企画提案の募集を行いました。審査の結果、同プロジェクトのパートナーを務めていただいたのが、アチーブメントHRソリューションズ株式会社（東京都港区）さんです。

同社は、社員研修を中心とした人材育成・人事コンサルティングを手がけ、2000社以上の導入実績をもつ、人づくり支援と組織づくり支援を手がける企業です。

親会社のアチーブメント株式会社（東京都江東区）さんは、２０２２年に創立35周年を迎えた人材教育コンサルティング会社で、22年10月には東京商工会議所の1号議員にも選出されました。

東京商工会議所の1号議員といえば、会員企業8万社中の76社という非常に狭き門です。まさに、人づくりと組織づくりの支援における同社の35年間の活動が実を結び、その実績が社会的にも大きく評価されたということなのでしょう。

職員の参画意識を高める「仕掛け」も公民連携でつくる

第3章でも話した通り、私は市原市議会議員当時から、市の若手職員たちとの自然発生的な勉強会である「濃い目塾」で意見交換を重ねてきました。そこで十戒をつくって会員に配布し、面白おかしく活動している中で、組織で働く人のあり方や仕事の進め方などについて、指針をもつことの大切さに気づかされたのです。

のちに、市原市役所の組織ビジョンや経営理念をつくろうという話になったとき、「濃い目塾」の十戒も使えるのではないかという意見もあったのですが、それではトップダウンになってしまいます。

トップダウンで落としていくビジョンや理念は、職員の内発的動機づけにつながるどころか、やらされ感の原因になりかねません。

だから、上からの押しつけではなく、職員たち自らがビジョンや理念を策定していこうという意識を醸成しなければいけません。その中で「市原市役所にはどんなビジョンや理念がふさわしいのか」ということを、自分たちで考え議論するという行動に移してもらうのが理想的です。

アチーブメントHRソリューションズさんには、まさにそういう仕掛けをつくり、職員をどんどん巻き込んでいくお手伝いをしていただきました。

最初に、私と2人の副市長を対象に経営層インタビューが実施され、私自身がこれまで歩んできた人生に始まり、市原市の現状や目指す都市像、市原市役所の組織としての強みと課題、職員に期待することに至るまで、詳細にわたるヒアリングが行われました。

今後誰が市長になろうとも脈々と受け継がれるよりどころとして、市民の思いを叶えるために働く、市原市役所職員のあり方を示す組織ビジョンや経営理念をつくりたいという思いも、このときに伝えました。

経営層インタビュー（2020年8月）のあと、5人の部長からなるプロジェクトチームメンバーが組織ビジョンと経営理念案を作成する、第1フェーズのワークショップを10回にわたって開催（2020年8〜10月）。

そのあと、プロジェクトメンバーに加え、有志職員30人のほか、私と2人の副市長も参加し、職員意見交換会が行われました。ここで出された意見を反映させ、市役所内で組織ビジョンと経営理念が公表されたのです（2020年12月）。

次いで第2フェーズでは、プロジェクトメンバーにより、行動指針案作成のためのワークショップを8回開催(2020年12月〜2021年6月)。あわせて、職員の組織ビジョンと経営理念に対する理解度や共感度を調査するためのアンケートが実施されました(2020年12月)。

第2フェーズでは、組織ビジョンと経営理念を実現するために必要な行動を洗い出すため、プロジェクトメンバーと有志職員119人による職員ワークショップも4回実施しました（2020年12月）。

さらに、職員意見交換会を2回行い（2021年5月）、同年8月に行動指針を庁内で公表しています。この職員意見交換会には在職1～5年目の若手25人を含む有志職員49人のほか、私と副市長も参加し、活発な議論が交わされました。

これだけ時間も手間もかけて、若手を含む多数の職員が参画する機会を設けたのには、大きな理由があります。

市原市役所で働く職員たちのよりどころとして、どんな組織ビジョンや経営理念が本当にフィットするのかということを、自分たちで議論してもらうためです。

もちろん最初は、部長クラスのプロジェクトメンバーによる会議体で、案をまとめてもらいました。それを今度は、若手も含む職員たちも集めて、「こんな案が出ていますが、皆さんはどう思いますか」と意見を求め、それを反映させてブラッシュアップしたわけです。

トップダウンでもなく、部長クラスなどの力によってでもなく、あらゆる階層の多数の職員が関わってできあがった組織ビジョンであり、経営理念です。

自分たちのルールだから自分たちでつくるという、原点に立ち返ったのです。
最初に、組織ビジョンと経営理念、行動指針をつくるという方針を職員に伝え、プロジェクトメンバーの部長たちに案を揉んでもらい、若手も含む職員たちに意見を聞くというやり取りを何度も繰り返しました。上から押しつけられたビジョンでも理念でもないことに、大きな意義があります。

また、アチーブメントHRソリューションズさんの協力を得て、組織ビジョンと経営理念、行動指針を記したクレドも制作し、職員に配布しました。

職員たちが、毎朝パソコンを立ち上げるとき、あるいは折にふれてクレドを見返し、原点に立ち返ることができるようになったという、目に見える効果はもちろんあります。

でも、もっと大きな効果として、経営理念が浸透することで、「いちはら愛を真ん中に」置くことの大切さを、職員たちがより深く理解してくれるようになったことが挙げられます。

予算のレビューや課長クラスとの打ち合わせなどで、ある課題について議論をしているとき、「これでは市民の皆さんが満足して下さるレベルの解決にはならない」ということがあるものです。

そんなときには、職員がもってきてくれた案を、部署にもち帰って再検討してもらうことになります。以前なら「せっかく解決策を考えてきたのに、市長に差し戻しを食らった」と不満に思ったかもしれません。

でも最近は、逆に「市長の思いはそこまで深かったんですね」といってくれる職員も出てくるようになりました。

「いちはら愛を真ん中に」という経営理念を定めたことによって、「上司からいわれたから仕事をしている」というやらされ感より、「自分たちは市民のために何をするべきか」にまっすぐ向き合おう、という意識のほうがずっと強くなったのでしょう。

私は、「これをやることによって市民がこうなり、市原市がこうなる」ということを、繰り返し話しているだけなのです。

私とのやり取りの中で、職員たちが「自分たちの机上での議論はここまでしかできていなかった。市長がいっているのはもっと上のレベルの話で、自分たちはとてもそのレベルには達していなかった」と気づいてくれる、ということも起き始めています。

私が普段話している「いちはら愛」が、目先の考えから出ているものでも、単なる口先だけのものでもないということを、職員たちが理解してくれたら、これほど嬉しいことはありません。

私自身、「市民の皆さんが望むその先まで考え、行動しなければならない」という思いがあるから、前例のないことでも「これをやらなければいけない」と話すのです。

当然ながら、職員にも職員としての考えがあり、「そこまでやるのはやり過ぎではないか」と最初は思うかもしれません。

でも、お互いにしっかり議論を尽くせば、思いが近づき、職員が「ここが本質なんですね」と理解してくれたり、当初は反対していたことを、自分のやりがいがある仕事として取り組んでくれるようになることもあるのです。

この、思いが近づくという意味でも、アチーブメントHRソリューションズさんの力を借りて、組織ビジョン、経営理念、行動指針を定めたことは本当によかったと思います。

上からの押しつけではなく、自分たちのルールだから自分たちでつくる、というやり方を貫いたことも、職員1人ひとりの内発的動機づけにつながりました。

実際、組織ビジョンと経営理念の策定段階で、有志職員を集めて意見交換会を実施したときは、「なぜビジョンと理念をつくる必要があるのですか？」という声もあったのです。ところが、部長クラスのプロジェクトメンバーで案をまとめ、それについて職員から意見を聞くという対話を重ねる中で、変化が現れました。

最初は疑問に思っていた職員も「ビジョンと理念をしっかり定めることは、市原市役所にとって必要だ」と理解し、積極的に関わってくれるようになったのです。

組織ビジョンと経営理念の策定段階から、職員たちの意識に、大きな変化が起こっていたのです。

公民の立場を超えた「学び合い」の場で、仲間意識が生まれた

アチーブメントHRソリューションズさんには、第1章で紹介した「次世代リーダー塾プロジェクト」の企画・運営にも関わっていただきました。

同塾では、若手社会人と経営者、市職員が一堂に会して学び合い、「相互連携できるネッ

トワークを高める」ことをテーマにした講座も実施されたことは、先に述べた通りです。こうした、公民の立場の異なる人材が、学び合いの機会を通じて連携できる機会を得られたことが、とても重要なのです。

実際、民間経営者から見ても、市役所はある意味でハードルの高い存在です。申請や許認可といった何かの用事があるから、市役所に足を運ぶのです。

だから若手社会人と経営者、市職員との交流も、単に市内の若手社会人と経営者を市役所に招いて話を聞くのと、「次世代リーダー塾」で一緒に学ぶのとでは意味が大きく違います。

市役所には、市議会を始め会議体が数多くありますが、経営者も含めて、市民の皆さんを委員として招聘する場合、職員と直接コミュニケーションを取れる機会はなかなかないものです。

その意味でも、市原市職員が市民の皆さんと直接意見交換ができる場として、「次世代リーダー塾」はなかなか先進的で素晴らしい取り組みでした。

改めて別の会議体をつくって若手社会人と経営者を市役所に呼び、「では意見をどうぞ」

と聞いてみたところで、なかなかコミュニケーションは深まらないと思います。

こうした「次世代リーダー塾」という学びの機会を提供していただき、その中で、皆さんと同じ時間を共有しながら議論を深め、仲間意識をもつことができたのは、職員にとって貴重なキャリアアップの場になったことでしょう。

まちづくりは市役所だけではなく、市民の皆さんも一緒になって行うものだということを、改めて認識させてくれたのが「次世代リーダー塾」だったと思います。

目的と思いをしっかり伝えれば、パートナーはプロの仕事で応えてくれる

これまで、数多くの民間パートナーの皆さんと連携し、さまざまな事業を実施してきましたが、提案の素晴らしさはもちろん、私たちがやりたいことや実現させたいことにしっかりと寄り添って下さる姿勢に、頭が下がる思いがしたものです。

たとえば、組織ビジョンと経営理念の策定段階で、プロジェクトメンバーによるワーク

ショップを10回と、職員意見交換会を1回実施しましたが、アチーブメントHRソリューションズの皆さんは、その場その場で交わされた議論の内容を、毎回きちんと整理してもってきてくれました。その資料が、次回のワークショップでの議論に大きく役立ったことはいうまでもありません。

また、私たちの意見や指摘を一切否定せず、「そういう発想もありますね」と受け入れ、咀嚼したうえで、「ではこんなやり方はいかがですか?」と、さらに洗練された提案をして下さいました。

ビジネスのパートナーというより、本当のまちづくりのパートナーとして、プロジェクトをよい方向に導いていただいたと思います。

そうした中で、改めて強く感じたことがあります。

民間パートナーの知恵を借りる。中でもビジョンや理念という、組織の根幹を支える大切な軸になるものを、第三者の協力を得てつくるうえで大事なことは、まず自分たちがしっかりした思いをもつことです。

依頼する側の自分たちにしっかりした思いがあるからこそ、豊富な経験と知識をもつ民間パートナーが、プロの仕事をもって思いに応えてくれるのだと思います。

パートナーに「なんとかして下さい、職員たちのやる気を高めて下さい」と、相手に100％委ねるような依頼をしては、プロジェクトはうまくいきません。

そもそも、契約上は業務委託ではあっても、パートナーに仕事を丸投げするような形の委託は、公民連携の名には値しないのです。

市原市も、これまで数多くの民間パートナーの力を借りて、さまざまな事業を行ってきましたが、私自身は仕事を絶対に「丸投げ」しない。すべてに自分が関わり、思いをしっかり伝えながら、いいものをつくりたいと考え、全力で取り組んできました。

その意味で、市原市の組織ビジョン、経営理念、行動指針の策定は、公民連携における優れた成功事例のひとつになったと自負しています。

これだけ時代が大きく急激に変化している今、市役所でも、新たな発想や意識をどんどん取り入れていかなければいけません。そうなったとき、それぞれの分野で優れた知識やノウハウをもつ皆さんに相談するのが早道で、最短の時間で最大の効果が期待できます。

とはいえ「時は金なり」という言葉の通り、当初の計画に定めたペースで延々と議論を続けても、思ったほどの成果は上げられません。だからこそ、「打てば響く」ような関係づくりが大切です。

依頼する側がきちんと思いを伝え、それに対してパートナーがしっかり反応してくれる。こういう関係ができてこそ、専門家である民間パートナーの知識やノウハウが、まちづくりに活きてくるということだと思います。

第6章

いちはらから未来をつくろう

人口減少時代に適応するまちづくりへの挑戦

これから市原市が、力を入れて取り組んでいかなければならない大きな課題は、公共施設の総量縮減です。これは、市内の公共施設を、今後見込まれる人口減少のペースに見合った規模に縮小していくもので、急速なペースで進む人口減少への対応として、避けて通ることはできません。

公共施設だけがそうだとは限りませんが、一般に、何か施設をつくるときには、壊すことまでは考えられてはいないものです。

ですから、よかれと思ってつくられた施設が、時間の経過と共に迷惑施設になるかもしれません。それをしっかり精査し、公共施設をあるべき規模にリサイズしていくのです。

市原市にはさまざまな顔があります。臨海部の工業地帯で働いている人たちが大勢住んでいる企業団地もあれば、養老渓谷に近い加茂地域では高齢化率が高まり、若い世代がどんどん減っています。

そんな中、市原市では、合併前の中央部の旧5町、および南部の旧1町1村を、それぞれ支所として残しています。

ところが、地域住民の皆さんの生活環境や生活スタイルがこれだけ変化している中で、本当にその地域に支所という機能が必要なのかということも含めて、人口減少への対応を進めていかざるを得ない状況になっているのです。

もちろん、自分たちの住む地域から支所がなくなることに対して、不安や不満をもつ方も多いと思います。

でも、印鑑証明や住民票などを取得するなどの日常的な行政サービスなら、コンビニでも可能です。支所の代わりに出張所を設けて対応することもできます。

逆に、各地域にとって今もっと必要とされている行政機能があるはずなのです。

ですから、「その地域にとって今、これから必要とされるのはどんな施設か」と考えていけば、自ずと方向性は見えてくるはずです。

切り捨てる改革では、けっしてありません。

市原市が今後もっと注力すべきなのは、これからその地域にあるべき施設とはどんなものので、そこでどんな行政機能を提供していくべきなのかを、地域の皆さんとしっかり議論していくことです。

行政が立てた計画を一方的に伝えるのではありません。「対話と連携」によって、その地域の住民の皆さんと一緒に答えを出すことが重要なのです。

市原市では今、こうした公共資産のマネジメントの先駆けとなる事業を進めています。市内北部の市原地区で、隣接する公共施設をひとつに集約した複合施設の設置（〈仮称〉八幡宿駅西口複合施設等ＰＦＩ事業）に、市原市として初めて取り組んでいるのです。

これは、近隣に設置されている市の6施設（八幡公民館、市原青少年会館、市原市武道館、教育センター、青少年指導センター、市原支所）の機能を集約し、新たにオープンスペースと八幡認定こども園（移転新設）を加えたうえで、複合施設を設けるという事業です。

そもそも、なぜ複合施設が必要なのか。

たとえば一般に、公民館にしろコミュニティセンターにしろ、大抵の施設に会議スペースが設置されています。ところが利用頻度や管理コストなどを考えた場合、いくつもの施設でそれぞれ会議スペースをもつ必要があるのかを、合理性の面からよく考えなければいけません。

そこで、会議スペースを共有し、現状の施設よりもさらに利便性を高め、地域の皆さんのニーズにより応えられるような複合施設を建設するという計画を、市民の皆さんとの「対話と連携」にもとづき策定しました。

複合施設の建設にあたり、「〝もっと前へ〟新しい時代の公共施設を目指す」という基本理念を定め、「将来にわたって市民に愛され、目的や用事がなくてもつい行きたくなる場所を目指す」という目標を立てました。

基本理念を具現化するために、「交流と集いの場」、「自己実現の場」、「地域支援の場」、「歴史と知識の場」という4つの場を創出する複合施設をつくることを、事業コンセプトの柱にしています。

住民の皆さんとしっかり議論を行ったうえで、こうした方向性を定め、合意に至り、これから具体的に工事を進めていくという段階に至っています。

改革が〝しんか〟すればするほど、民間の知恵が活きる

今後、公共施設の縮減が避けられない状況の中で、私たちはサウンディング調査（対話型市場調査）も実施しながら、公共資産のマネジメントを進めています。

市原市が行政財産として保有している施設の機能が役割を終えたとき、行政の視点だけでは、その施設のあり方を、新たな発想のもとで再検討することがなかなかできません。そこで、いくつかの施設を対象にして、民間事業者の皆さんに、「この施設の活用方法として、どんな提案ができますか」という調査を実施しているわけです。

従来の計画行政だけでは、市民の皆さんからお預かりした税金をうまく活用することが難しい時代になっているという背景があります。

公共サービスの提供に民間の資金とノウハウを活用するPFIの役割が、より重要になってきているのもそのためです。だとすれば、そのPFIも、民間の事業者の皆さんにとって、より投資意欲が湧くようなものに変えていかなければなりません。

第5章でも話したように、民間の知恵を借りることで、行政だけではとても思いもつか

ないような提案をいただくことが数多くあるからです。

その成功例として、旧高滝小学校の校舎と敷地を利用した「高滝湖グランピングリゾート」（市原市養老）が挙げられます（本章で後述）。

行政にとって、公民連携には数多くのメリットがあります。

その一方で、単独の企業だけでは解決が難しい大きな課題について、行政がいかに連携していくかということも重要です。

第1章で話したように、市原市は石油化学コンビナートの発展とともに成長してきたまちです。２０５０年のカーボンニュートラル実現に向けて、コンビナート企業は各社とも真剣に取り組みを進めています。ところが、これから本格的なリサイクルシステムの構築段階に移るポリスチレンのケミカルリサイクル実証事業も含めて、個社の努力だけではできないことが数多くあるのも事実です。

民間企業の皆さんは、製品を製造する能力をもち、リサイクルの方法もご存じです。ところがゴミを集めて分別処理するのは、行政に期待されているところが大きい。だからポリスチレン製品の回収について、行政の力を活用していただくという意味での官民連携も、非常に意義のあることだと思うのです。

繰り返しになりますが、企業の皆さんに「頑張って下さい」といっているだけではいけません。地元企業であるコンビナート企業の皆さんが、よい方向に発展していくうえで、「市原市も一緒に汗をかきます」という意思をしっかり示すことが大事です。

そうした中で、「市原発サーキュラーエコノミー」が全国に先駆けて実現し、「市原モデル」として地球環境の保全に貢献することが、大いに期待されます。

公共資産のマネジメントに話を戻すと、まず目的を明確にすることが大切です。

市原市の場合は、将来の人口減少を見据えた公共施設の総量縮減と、各地域にとって今後あるべき公共施設を、市民との「対話と連携」によってつくり上げることが目的で、そこからすべての事業がスタートしているのです。

個別の公共施設について台帳をつくり、その施設が今どんな状況にあるかについても、もちろん調査を行っています。

当然ながら、ある地区内に設置されている施設に対して税金を投入する場合、その地区内の皆さんと議論を行います。というのも総量縮減について、行政と市民には大きな意識の差があるもので、しっかり議論を行い意識の差を埋める必要があるからです。

公共施設の総量縮減が、行政として認識している課題を解決するためだけのものであってはなりません。あくまで住民が望む総量縮減でなければいけないのです。最も重要なのは、総量縮減を、市民の皆さんに不利益を与えないものにすることです。

仮に今後、従来とはまったく異なる方法で、地域の皆さんが望むサービスを提供できるようになり、「これなら支所という形にこだわる必要はない」と思っていただけるようになったとすれば、それが未来に向けた第一歩になるはずです。

その意味においても、これまでの延長線上で解決策を提案するだけではいけません。市原市に今求められているのは、「この地域のこの支所が老朽化したから延命するのか、建て直すのか」という議論ではないのです。「将来を見据えた中で、この地域に必要とされる施設は何か」という発想に転換する必要があります。

市民が幸せを実感し、思いが叶うまち

第4章で、私は市長が目立つ必要はないと書きました。誰かが前面に立つまでもなく、市民の皆さん1人ひとりが自然体で生きていられることの幸せ、というものがあると私は思うからです。

最近私はことあるごとに、「市民の皆さんが誇りに思い、大きな不満や不安がなく暮らしていけるまちをつくりたい」と話しています。

市民の皆さんは、さまざまな思いを抱きながら生きていて、当然ながら、すべての不満や不安がなくなることもありません。

でも、大きな不満や不安をなくすことによって、市民の皆さんは自然体で生きることができるようになるでしょう。市原市はそういうまちであるべきで、私たちはそこに対して、もっと汗をかくべきなのです。

第1章で、高度経済成長期以降に移り住んだ市民を、もともとこの場所に住んでいた市民が受け入れ、市原市は発展してきたと書きました。

私は、これをもっと前に進め、さまざまな思いをもって市原市で暮らしている市民はもちろん、これから市民になって下さる方の思いが叶うまちにしたいと思います。

「市原市に可能性を感じる」とか「市原市で起業したい」と多くの人に思っていただける。あるいは、東京都心に拠点をもつ企業が市原市に移転することによって、何か新しい展開なり発想なりが生まれるような提案ができる。

つまり、芸術家や起業家はもちろん、新たなチャレンジをしたいと思う人が市原市に集まり、成功をつかむことができるまちです。

「市原市は、新しいことにチャレンジする人たちを、懐の深い市民が受け入れてくれて、実際に思いが形になるまちだ」と評価されるようになったら、それは本当に素晴らしいことではありませんか。

そこで市原市では今、「思いが叶うまちづくり」に取り組み始めています。

さまざまな思いをもつ人にとってチャンスが広がっていて、1人ひとりのチャレンジをしっかり支援し、伴走も行うまち。

目指すは、「チャレンジをするなら市原市」です。

その最初の試みとして、私たちは今、五井駅徒歩1分の場所にある「サンプラザ市原」の改修計画を進めています。

「サンプラザ市原」はもともと、産業の振興と文化の振興、市民サービスの3つの機能を基本テーマとして建設された12階建ての公共施設です。ところが施設の稼働率が低く、宿泊施設の不足を補うため、ホテルに改装することも考えていましたが、建物のつくりと採算性が合いません。

そこでサウンディング調査を実施し、同施設を今後どのように活用していくべきかについて、多くの企業から提案をいただきました。

それらの提案もふまえ、「思いが叶うまち」づくりを目指す市原市だからこそやらなければならない事業として、産業創造支援の拠点として「サンプラザ市原」を整備する方向で、検討を進めています。

2022年内に改修工事の設計を始め、2024年度に着工し、2025年4月を目標にリニューアルオープンする予定です。

産業創造支援の拠点としてリニューアルを行う「サンプラザ市原」には、大学関連施設やコワーキングスペースなどを誘致するほか、日頃から活発に活動を行い、商工会議所内だけでは手狭になっている市原市産業支援センターも移転させる計画です。2022年10月1日には「サンプラザ市原」の12階に、起業・創業支援や個人事業主・中小企業者の経営サポートの拠点となる市原市産業支援センターSATELLITE（Ichihara Industry Support Center）をオープンさせました。

また最近、臨海部のコンビナート企業が、互いに連携しながら人材を育成する取り組みを進めています。そこで、コンビナート企業が連携して行う人づくりの拠点として、「サンプラザ市原」を活用していただくことを検討されています。

産業とともに成長・発展してきた市原市として、この施設を中心に、産業支援をさらに強化していきたいと思います。

子どもたちの未来のために、公共施設のあり方も見直す

もうひとつ、市原市の大きな課題は、子育て世代の転出超過が続いていることです。こ

の重要課題を解決するためには、子育て世代が安心して市原市に住み続けられるように、徹底的に支援を行わなければなりません。

ＪＲ内房線の五井駅から徒歩約15分の場所に、「ｙｏｕホール」という公共施設があります。これは、１９９６（平成８）年に市原市勤労会館として建てられたものですが、利用者の減少や「勤労者のための施設」としての設置目的の希薄化、勤労者の働き方の変化などにともない、施設のあり方に課題を抱えていたのです。

ところが「ｙｏｕホール」が開館したあと、近隣に総合公園や大規模商業施設ができたこともあり、子育て世代を集客するのに有利な環境が整ってきました。

そこで「ｙｏｕホール」のあり方を見直し、市原市の次世代を担う子どもたちと親御さんたちのための、子育て支援の拠点となる「(仮称) いちはら子ども未来館」を整備することにしました。

「ｙｏｕホール」には、市原市中央図書館と保健センター、総合公園の上総《かずさ》更級《さらしな》公園が隣接しています。同施設を「(仮称) いちはら子ども未来館」として整備することで、旧「ｙｏｕホール」は、目の前に図書館があり、子どもの健康について困り事や心配事があれば保健センターに行って相談もできる。さらに総合公園で子どもたちを遊ばせることもできるといった、子育て支援の拠点に生まれ変わります。

となると、もともと遊具がない公園だった同公園に遊具も揃え、子どもたちがさまざまな遊びを体験できるようにしたい。

これができれば、「(仮称)いちはら子ども未来館」の周辺一帯は、まさに「子どもたちのためのエリア」になるでしょう。

最初は、担当部の職員たちも「そこまでやりますか」と驚いていたものです。

でも、「どう? よくないですか」と私が聞くと、みんな「いいですね」と納得してくれました。この施設が実現したら、このエリア一帯がこう変わるということを明確にイメージしてくれたのであれば、嬉しいものです。

やらされ感から事業計画を立て、施策を提案しても、けっしてよいものにはなりません。これが実現したらこう変わる、自分がその施設なりサービスの利用者だったらどう思うかを具体的にイメージし、自分事として考えられるようになれば、「もっとよい提案をしていこう」と思えるようになるはずです。

これから変化が具体的な形になって動き出す

市長就任以来、私が手がけてきたことの6割程度は形になったのではないかと思います。

これまで仕掛けをつくってきたさまざまな事柄が、2022年末頃から具体的に動き出してきました。

着々と準備を重ねてきたことが、ようやく目に見える形になってきたという意味では、まだ道半ばなのかもしれません。でもそれは、思い半ばではないのです。

多くの事業がすでに具体的に動き出していて、それらが目に見える形になるのに時間がかかっていたからです。

これから本格化する事業の推移をしっかり見届け、完了するまで責任をもって関わっていきたいと思います。

市原市には帝京平成大学さんの千葉キャンパスとちはら台キャンパスが立地していますが、若者、子育て世代の定住のためには教育機関をもっと充実させなければいけません。

また、第5章で紹介したように、農業法人の和郷さんにアドバイスをいただき、「儲かる農業」の構築に向けた取り組みも始まりました。

市原市の子どもたちにとって、将来さまざまなチャンスにつながることを願い、こうした取り組みをひとつひとつ前に進めています。

もうひとつ、私が最近感じている大きな変化は、「市原市や、自分が住んでいる地区を元気にしたい」という志をもって動き始めた若者たちが現れてきたことです。

目の前にさまざまな課題があってもあきらめず、自分が問題意識や興味をもったことに対して行動を起こす若者たちが、確実に増えています。

今、市原市も世代の大きな変わり目を迎えていて、若い人たちのあいだに、何か新しいことに挑戦しようという機運が高まっていることを強く感じるのです。

私が常日頃から、市原市を「思いが叶うまち」にしたいと発言しているのも、そんな背景があるからです。思いをもち、行動したいという市民に対し、市原市はきちんと伴走していくのだと。

とくに「イノベーション宣言」を行ってから、第1章で紹介した「いちはらリノベーションまちづくりプロジェクト」や、第4章で述べた牛久商店街の活性化などを進めていく中で、その中心となるような若者が出てきてくれました。若者たちが、自発的に行動を起こしてくれるようになったことは非常に大きな成果で、これから、そのすそ野をもっと広げていきたいと思っています。

考えてみれば、「イノベーション宣言」を受けて実施した「次世代リーダー塾プロジェクト」や「ＩＣＴ課題解決人材育成プロジェクト」、「リノベーションスクール」といった試みは、人への投資です。

公共施設などのハード面に対する投資はもちろん行政の役割です。ところが、とくにアチーブメントＨＲソリューションズさんと連携して、「次世代リーダー塾プロジェクト」や組織ビジョン・経営理念・行動指針を作成していく中で、私は行政分野でも、人に対する投資がいかに大切かを、より強く認識するようになりました。

アチーブメントＨＲソリューションズさんおよび親会社のアチーブメントの青木仁志代表取締役会長兼社長には、市原市役所が進める意識改革や組織改革において、また、１人の人間としても、非常に示唆に富むアドバイスを数多くいただき、心から尊敬しています。

人に対する投資には、子どもたちへのＩＣＴ教育のように、成果が出るまでに時間がかかる投資も少なくありません。でも今、人に対する投資をしっかり行うことで、子どもたちや若者たちが将来、この市原市で大きな力を発揮してくれるようになると固く信じています。

未来をつくるリーダーは、あきらめが悪くなければならない

第4章で述べたように、私は牛久商店会の総会に足を運び、「このエリアを『あきらめの地域』にはしたくありません」と訴えました。

ある意味、刺激的なメッセージだったので、商店会の皆さんが最初それを聞いたとき、どうお感じになったかはわかりません。

でも、令和4年第1回市原市議会定例会で述べたように、閉塞感や窮屈さが社会全体に漂い、未来への希望が見いだせなくなってきている中で、「誰もが未来に夢や希望をもち挑戦し続けられるまちを、共に創り上げて」いきたいと思えばこそ、私はあきらめることができないのです。

私は、逆境のときにネガティブな発想はしません。

逆境のときだからこそ「打破していこう」、「変えていこう」という方向にエネルギーを振り向けることが、私の習性になっています。

これは私が、経営者だからかもしれません。

性格的にも、後ろ向きとか下を向くような姿勢は、好きではありません。後ろを向いて時間を過ごすぐらいなら、前を向いていきたいと思います。

私は、あきらめが悪いのです。

市原市南部の風光明媚な景勝地・高滝湖畔にある旧・高滝小学校の校舎と敷地を活用し、グランピング施設を整備したときもそうでした。

市原市には、観光客の皆さんに「ここに立ち寄ってみよう」と思っていただける「目的地」があまりありません。そんな中、閉校して久しい旧・高滝小学校の、県下最大のダム湖である高滝湖を見下ろせる素晴らしいロケーションを活かそうという方針が打ち出されたのです。

市原市では、この旧・高滝小学校の活用について公募型プロポーザルを実施し、さまざまな企業からの提案を受けました。

その中で、私たちが事業者に選定させていただいたのが、ラスクの専門店「東京ラスク」を全国に展開しているグランバー東京ラスク（東京都文京区）さんです。

東京ラスクさんは旧・高滝小学校の校庭にグランピング施設を設置し、教室を活用して工場や見学施設をつくり、お土産品の販売も行うという、非常に魅力的な提案をして下さいました。

ところが、そんな矢先、新型コロナウイルスが猛威を振るい始めたのです。

東京ラスクさんもコロナ禍で大きな影響を受け、贈答用のラスクの売上が減少。店舗も一部休業を余儀なくされてしまいました。

そんな中、同社の大川浩嗣社長が自ら市原市役所にお越し下さり、コロナ禍で経営状況が厳しくなったため、今回の提案を辞退したいと話されたのです。

東京ラスクさんを取り巻く状況が、そこまで厳しいのなら仕方がない――。

その場に同席した誰もがそう思い、あきらめてしまったかもしれません。でも私は、どうしてもあきらめられませんでした。

「市原市に『目的地』をつくることができる可能性があるのなら、ぜひとも成功させたい」という、強い思いがありました。

でもその一方で、私自身が長く企業経営に携わっていた経験から、「これはけっして無謀な計画ではない。やり方によって、きちんと利益を生み出せる可能性が高い」という読みもあったのです。

新型コロナウイルスが猛威を振るう状況の中で、同社のラスクの販売が低迷していたことは確かです。でも、これまでのやり取りを通じて、コロナ禍の中で逆にグランピングへの興味関心が高まり、グランピング事業が利益体質になっているというお話を、大川社長から聞いていたのです。

実際、東京ラスクさんのグループ会社のＨＡＭＩＲＵ（ハミル／千葉県市川市）さんが静岡県伊豆市や栃木県那須郡などで運営しているグランピング施設は非常に人気が高く、大きな成功を収めていました。

そこで私は大川社長に、「今苦しい物販の部分を、市原市でグランピングを行うことでカバーしていただくことはできませんか」と申し出たのです。

高滝湖畔の小学校跡地を活用したグランピング施設は話題性が高く予約が絶えない

これは一方的に、私たちの意向を伝えたものではありません。もし大川社長が私たちと一緒にやろうと決断していただけるなら、東京ラスクさん全体の売上にも貢献できる拠点が、市原市にできる可能性があるのではないかと、私は話しました。

幸いなことに金融機関からも、地方創生関連の融資枠の中から、この事業の資金調達に協力を得ることができました。

「そこまでいうなら」と、大川社長も最終的に決断して下さったのです。

2021年5月のオープン以来、

「高滝湖グランピングリゾート」は大盛況で予約が絶えません。もしあのとき、あきらめていたら、こうした賑わいも、観光客が立ち寄れる新たな市原市の「目的地」もなかったのです。

何か新たに事業を行うことには、リスクがつきものです。私は、リスクとチャンスについて詳細な計算まではしませんが、経営者として、「その事業に勝ち目はあるのか」ということは計算します。

これは経験の中から来る直感的なもので、判断は瞬時に行います。

意思決定のうえでもうひとつ大切なのは、その事業がタイムリーであるかどうかということです。いくらよい計画であっても、魅力的な提案であっても、時機を外してしまったら意味がありません。

「高滝湖グランピングリゾート」も、あの時期に決断したから成功したのです。

最近では千葉県内でもあちこちにグランピング施設がつくられ、競争が激しくなっています。「高滝湖グランピングリゾート」は、県内でも先駆けとしてオープンできたことに大きな意味があるのです。

2021年4月18日に開催されたオープンセレモニーで、大川社長はユーモアを込めて「マムシのようにしつこい市長がいたから、この施設ができました」と挨拶して下さいました。

これは私にとっては最高の褒め言葉です。

誰もが無理だと思う状況でもけっしてあきらめない。

これは自分の性分であることはもちろんです。でもそれ以上に、市原市に観光客が立ち寄れる「目的地」ができることへの期待を一身に背負っているという、市長としての責任感からくるものかもしれません。

改革とはリーダーが「熱量」を伝え、みんなをワクワクさせることだ

思えば、世の中のいたるところに「改革、改革」というかけ声があふれています。

ところが、その改革がなかなか成功しない、改革を行っているはずなのに、変わるべき

ものがまったく変わらないということが、よくあるものです。

改革を実行することや、変えるべきものを変えていくことはなぜ難しいのか。

それは、改革が成功するかしないかは、改革に取り組む人たちの本気度に大きく依存しているからだと思います。

一流企業はもちろん行政も、一定以上の能力がある人材を採用しているので、組織に所属する1人ひとりは、仕事をしていくための素地を十分にもっています。

でも、時間の経過とともに日々の仕事が当たり前になり、市原市役所なら「いちはら愛」が自分たちの真ん中ではなくなってしまうのです。

その中で次第に、自分は何のために市役所にいて、仕事をしているのかという、自らの存在意義を忘れてしまう。そして、日常業務が自分たちの仕事だという意識に陥り、そこで〝しんか〟が止まってしまうのです。

日常業務の中で、「よりよいサービスを提供していこう」という意識が、次第に失われていくのはそのためです。「日常業務をこなす」という発想では、けっして市民満足は実現できないし、市民の望むその先を見据えた、よりよい政策展開もあり得ません。

そこで私が心がけているのは、職員1人ひとりが自分自身の成功体験をつくることを、サポートすることです。

たとえば市民の方から、職員の接遇に対して「困りごとにしっかり寄り添い、丁寧な対応をしてくれた」というお礼の手紙が市長宛てに寄せられたら、その職員が褒められたことを必ず本人に伝えます。

そうすることにより、市民の皆さんのためを思って行った自分の行動が正しかったことを実感し、「市民の皆さんのためにもっとしっかり仕事をしていこう」という発想をしてくれるようになるからです。

2015年6月に市原市長に就任し「変革と創造」に取り組んできた中で、私は、改革を進めていくうえで最も大切なのは、リーダーが「熱量」を伝えていくことだと思うようになりました。

まず、リーダーである自分自身が一番本気でなければならないのです。

私がこれまで市長として行ってきたのは、市原市民の皆さんや市原市の職員たちに、本気の「熱量」を伝えることだったのかもしれません。

本気の「熱量」を伝えることがリーダーの役割であるなら、口先だけの人間であってはならない、言葉には行動がともなっていなくてはならないと、私は心に固く誓ってきました。

私が市政において何よりも大切にしたいのは、市民が市民でいることにワクワクしてくれること。

市原市民が市原市民でいることに満足して下さることが、一番大事です。

そのためにも、常に動いている市役所であり、市原市でなければなりません。停滞し、よどんでいるまちの姿など、誰も見たくはないでしょう。

だからこそ、市民の皆さんから思いを託され、市政をお預かりしている市長の私も、市原市役所の職員たちも、「もっと前へ」というスローガンの通り、市民の皆さんが求める行政サービスの、その先を見据えた行動をしなければならないのです。

その結果、「市原市役所はここまでやるんだ」と、市民の皆さんがワクワク、ドキドキして下さるような仕事ができれば、市民満足はきっと達成されるでしょう。

おわりに

私は、「縁」という言葉を大切にしています。

市原市の青柳で産湯につかり、姓は小出、名は譲治として62年。一度も市原を離れたことのない私が、市原市長の立場でこの場所にいることは、まぎれもなく人と人との縁のおかげだと感じています。

ガキ大将だった子どもの頃から中学校、高校、大学で出会った仲間たち。実家の運送業を継いで、全国を走り回る中で出会った方々、そして市議会議員、市長になり政治の世界でお会いした方々など、数えきれない皆様と出会うことができました。

この出会いは私の「宝物」です。

人との出会いが縁となり、その縁がまた縁をつないで、新たな人との出会いにつながっていることを、毎日のように実感しています。

市長になり、さまざまな分野の方と会うことも多くなりましたが、すべての方が私に好意をもって接するわけではないこともわかっています。けれども、私はまずその方の話に耳を傾けようとしてきました。

「対話と連携」、私が市長になって掲げたテーマです。

市民の皆さん、企業の皆さん、そして職員の皆さんと、どんなことでもいいから直接話をしよう、そこから新たな発想は生まれてくる、というスタンスで臨んできた結果、今や交流は市内だけでなく、県内、国内へと広がり、海外にも知人、友人の多くの縁ができました。

巡り合わせやつながりを表す「縁」という言葉。

地域をつなぎ、さらに世界ともつながれていることが、私の最大の喜びなのです。

この本を読んでいただいた方の多くは、行政に携わる方や組織のリーダーの立場の方だと思います。単なる私の自叙伝としてではなく、一生に一度の人生をどう過ごすのかを考える参考やきっかけになればと思います。

今、私たちの住む社会は、少子高齢化、人口減少、そして新型コロナウイルス感染症といった困難な課題に直面しています。また、世界に目を向ければ、紛争が続く地域や飢餓に苦しむ地域もあります。このような時代に、どうやって前向きになればいいのかと思っている方もいるでしょう。

私は、このまちで育ち、大好きなこのまちで活躍することを夢見て、自らの思いの実現に向け努力してきました。この本を読んでくださった皆さんに、少しでも前向きにチャレンジしてみようと思っていただけたら幸いです。

最後に、今回の出版をご提案いただいた、アチーブメント株式会社の青木仁志社長や編集に携わってくださったスタッフの皆さんに感謝いたします。

この本の発刊は、まさしく「縁」です。

私は、これから先もこの言葉を大切に、大好きな市原のために励んでまいります。

2023（令和5）年1月吉日　小出譲治

著者　小出譲治（こいで・じょうじ）

1960（昭和35）年8月5日生まれ。家業のコイデ陸運株式会社に入社し、1995（平成7）年に社長職に就くと同時にバス事業に進出、東京湾岸交通株式会社の代表取締役に就任。その後、市原ベイタクシー株式会社を設立し、トラック、バス、タクシーの3つの運送業の経営者として手腕を発揮する。2003（平成15）年、地元の市議会議員の引退を機に立候補を打診され出馬、見事トップ当選を果たす。3期12年にわたり市議会議員を務め、2013（平成25）年6月には第48代市議会議長に就任。2015（平成27）年、市原市長選挙に当選。「対話と連携」を市政運営の柱とし、現在2期目を務めている。座右の銘は「雲無心」「一月三舟」。

アチーブメント出版

[twitter]
@achibook

[Instagram]
achievementpublishing

[facebook]
https://www.facebook.com/achibook

行政は経営だ
変革と創造のリーダーシップ

2023年（令和5年）2月7日　第1刷発行

著　者　小出譲治

発行者　青木仁志

発行所　アチーブメント株式会社
〒135-0063　東京都江東区有明3-7-18 有明セントラルタワー19F
TEL 03-6858-0311（代）／ FAX 03-6858-3781
https://achievement.co.jp

発売所　アチーブメント出版株式会社
〒141-0031　東京都品川区西五反田2-19-2 荒久ビル4F
TEL 03-5719-5503 ／ FAX 03-5719-5513
https://www.achibook.co.jp

装丁・本文デザイン　亀井文（北路社）
編集協力　加賀谷貢樹
校正　株式会社ぷれす
印刷・製本　株式会社光邦

ISBN978-4-86643-124-6